SANDRA KLAMMER, JILL GORITSCHNIG

SALZBURG FÜR KINDER

DIESES BUCH GEHÖRT:

....

STADT : SALZBURG

Impressum

Bibliografische Information der Deutschen Nationalbibliothek
Die Deutsche Nationalbibliothek verzeichnet diese Publikation in der Deutschen Nationalbibliografie; detaillierte bibliografische Daten sind im Internet über http://dnb.d-nb.de abrufbar.

2. unveränderte Auflage 2025

5020 Salzburg, Bergstraße 12
buch@pustet.at

Lektorat: Martina Schneider
Illustrationen und Covergestaltung: Jill Goritschnig
Grafik und Produktion: Nadine Kaschnig-Löbel
Druck: GRASPO
gedruckt in der EU

ISBN 978-3-7025-1109-8

www.pustet.at

Wir bemühen uns bei jedem unserer Bücher um eine ressourcenschonende Produktion. Alle unsere Titel werden in Österreich und seinen Nachbarländern gedruckt. Um umweltschädliche Verpackungen zu vermeiden, werden unsere Bücher nicht mehr einzeln in Folie eingeschweißt. Es ist uns ein Anliegen, einen nachhaltigen Beitrag zum Klima- und Umweltschutz zu leisten.

SANDRA KLAMMER
JILL GORITSCHNIG

SALZBURG FÜR KINDER

ENTDECKE DIE STADT UND IHRE GESCHICHTEN

VERLAG ANTON PUSTET

INHALT

WAS DU IN DIESEM BUCH ALLES MACHEN KANNST

Gestalte dein Buch nach deinen eigenen Vorstellungen. Male die Bilder an, zeichne dazu und lass deinen Ideen freien Lauf!

Auf den Rätselseiten für zwischendurch findest du Platz, um selbst etwas hinein zu schreiben. Bei manchen Rätseln musst du an einem bestimmten Ort sein, um die Fragen beantworten zu können. Bei einem Spaziergang durch die Stadt hast du das Buch also am besten immer dabei!

Manchmal findest du solche Rufzeichen. Sie weisen dich auf besondere Informationen zum Thema hin.

Wenn du dich fragst, was die bunten Fähnchen bedeuten, blättere doch einmal auf die Seite 166! Hier findest du einen Zeitstrahl, damit du dir einen Überblick verschaffen kannst. Die Farben zeigen dir, wo du dich gerade zeitlich in der Weltgeschichte befindest.

Lies die Tipps für Neugierige aufmerksam durch! Hier findest du jede Menge gute Ideen für Ausflüge und Hinweise, wo du dir bestimmte Dinge anschauen kannst.

ERKENNST DU DIESES HAUS? KLEINER HINWEIS: DU FINDEST ES IN DER GETREIDEGASSE UND AUF SEINER FASSADE STEHT EIN SCHRIFTZUG. BEI EINEM STADTSPAZIERGANG WERDEN DIR DAVOR HÄUFIG TOURISTENGRUPPEN AUFFALLEN. BEGINNE GLEICH AUF DIESER SEITE, DEIN BUCH MIT FARBE ZU BEFÜLLEN UND BEMALE DAS GEBÄUDE NACH DEINEN VORSTELLUNGEN! DU KANNST ES AUCH WIE DAS ORIGINAL BESCHRIFTEN.

MÖNCHSBERG
MÜLLNERSTEG
MIRABELL-
GARTEN
RAINERSTRASSE
SCHRANNENGASS
PARIS-LODRON-STR
FRANZ-JOSEF-STR
SCHWARZSTRASSE
MARKO-FEINGOLD-STEG
PLATZL
FRANZ-JOSEF-KAI
GRIESGASSE
STAATSBRÜ
GETREIDEGASSE
HOFSTALLGASSE
SIGMUND-HAFFNER-GASSE
NEUTORSTRASSE
SIGMUNDSTOR

KAPUZINERBERG
LINZER GASSE
STEINGASSE
MOZARTSTEG
GISELAKAI
RUDOLFSKAI
KAROLINEN-
BRÜCKE
HELLBRUNNER STRASSE
SALZACH
FESTUNGSBERG

1

EINE BURG AUS SALZ?

WIE HIESS DIE SALZACH FRÜHER?

WOHER HABEN DER GAISBERG UND DIE STADT IHRE NAMEN?

WANN WURDE DIE FESTUNG GEBAUT?

WIE SALZBURG ZU SEINEM NAMEN KAM

Mit der Geschichte einer Stadt ist die Landschaft, in der sie liegt, eng verbunden. Flüsse, Berge, Wälder ... die Umgebung entscheidet darüber, ob sich Menschen an einem Ort ansiedeln. War ein Fluss breit und tief genug, konnten Schiffe darauf fahren, um Waren zu transportieren. Gab es in den Wäldern ringsum genügend Holz, konnten erste Häuser gebaut werden.
Schon sehr früh war es notwendig, dass Dörfer, Städte, Flüsse und Berge Namen bekamen, damit sich die Menschen zurechtfanden. Salzburg, Salzach und Gaisberg – warum nennt man sie so?

ZIEGEN UND BLITZE

Der Gaisberg ist mit 1 287 Metern die höchste Erhebung im Stadtgebiet. Das ist so hoch wie der Salzburger Dom – sechzehn Mal aufeinandergestapelt. Du erkennst den Gaisberg an dem rot-weißen Sendemast, der sehr oft vom Blitz getroffen wird. Ungefähr fünfzig Blitze pro Jahr schlagen dort ein.
Früher grasten die Ziegen der Salzburger Klöster St. Peter und Nonnberg auf den Bergwiesen. Eine Ziege nennt man auch „Geiß", daher hat der Berg seinen Namen.

Er ist ein beliebtes Ausflugsziel und zwar schon seit langer Zeit. Sogar eine Skisprungschanze und einen Sessellift gab es hier. Knapp vierzig Jahre lang brachte ab 1887 eine Zahnradbahn die Menschen auf den Gipfel. Dann wurde sie durch eine Straße ersetzt, auf der man noch heute mit dem Auto oder dem Bus auf den Gaisberg fahren kann.

SALZBURG …

… heißt nicht nur die Landeshauptstadt, sondern auch das dazugehörige Bundesland.

… ist die viertgrößte Stadt Österreichs.

… hat mehr als 157 000 Einwohnerinnen und Einwohner.

… hat ein „Bürgermeisterloch“. Das ist ein Durchgang in einer Mauer am Mönchsberg. Diesen ließ sich ein Bürgermeister in die Mauer brechen, um den Weg als Abkürzung ins Rathaus zu nutzen.

… hat 13 Brücken über die Salzach. Manche davon sind kleine Stege wie der Mozartsteg. Um ihn überqueren zu dürfen, mussten die Leute bis vor etwa hundert Jahren bezahlen. Man bezeichnete das als „Maut“. Das Mauthäuschen am linken Salzachufer steht immer noch. Bezahlen musst du dort seit 1921 aber nicht mehr.

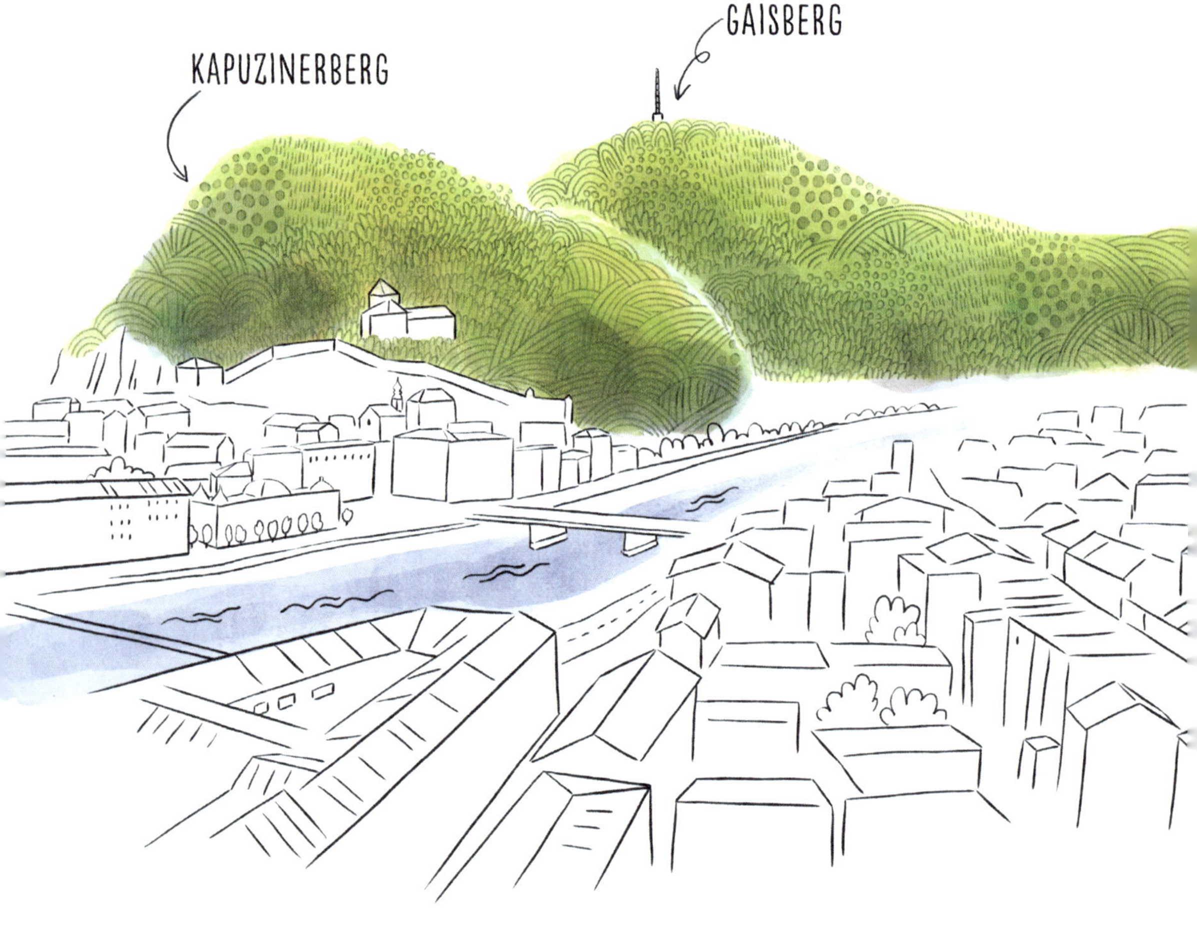

DAS IST EIN BLICK AUF DIE STADT SALZBURG. MALE DIE HÄUSER UND DÄCHER IN BUNTEN FARBEN AN. ERKENNST DU DIE GEBÄUDE WIEDER, WENN DU DURCH DIE STADT SPAZIERST?

MÖNCHSBERG
FESTUNGSBERG

HOCH ÜBER DER STADT

Neben dem Gaisberg gibt es noch weitere Stadtberge. Der Mönchsberg gehörte im Mittelalter den Mönchen von St. Peter, so erhielt er seinen Namen. Das Kloster steht noch heute am Fuß des Berges, mitten in der Altstadt. Oben befindet sich das Museum der Moderne, in dem viele Kunstwerke ausgestellt werden. Du kannst es mit dem Mönchsbergaufzug erreichen, der durch das Berginnere hinauffährt.

Auf dem Festungsberg thront die Festung Hohensalzburg. Seine Verlängerung ist der Nonnberg, auf dem seit 1300 Jahren das Kloster Nonnberg steht.

Auch der Kapuzinerberg neben der Linzer Gasse ist nach einem Kloster benannt, dessen Mönche Kutten mit langen spitzen Kapuzen tragen. Früher hieß die Erhebung „Imberg". Eine Straße

AUF DEM FESTUNGSBERG STEHT DIE GROSSE BURG. MÖCHTEST DU DIE BURGANLAGE VERGRÖSSERN? ZEICHNE DEN BERG WEITER!

in der Nähe, die Imbergstraße, trägt immer noch diesen Namen. Für den Kapuzinerberg gab es im Lauf der Zeit viele Pläne: Ein elektrischer Lift sollte nach oben führen, eine Aussichtspyramide sollte gebaut werden. Es wurde aber nichts davon umgesetzt, so ist er immer noch sehr naturbelassen und eignet sich gut für eine Nachmittagswanderung durch den Wald – mitten in der Stadt. Das Kapuzinerkloster steht da, wo sich früher ein Wehrturm befand.

Der Rainberg ist der niedrigste Stadtberg. Er ist nicht einmal halb so hoch wie der Gaisberg. Hier wurde im Mittelalter Wein angebaut, weil das Klima damals sehr mild war. Seit einigen Jahren wachsen hier wieder Weinreben.

Weiter entfernt liegen der Heuberg in Gnigl, der Hellbrunner Berg und die zwei Morzger Hügel.

SALZBURGS GRÜNER FLUSS

Durch Salzburg fließt die Salzach. Während das Wasser, das aus der Leitung kommt, durchsichtig ist, schimmert die Salzach grün. Hast du schon einmal bemerkt, dass viele Seen in der Umgebung dunkelblau oder türkis aussehen? Das hängt mit dem Licht zusammen, das vom Wasser reflektiert wird. Sind viele Steine, Pflanzen oder Schlamm im Wasser, wirkt es auf uns grünlich. Nur im Frühling, wenn der Schnee auf den Bergen schmilzt, und nach starken Regenfällen strömt die Salzach braun und üppig dahin.

Die Kelten nannten die Salzach „Ivarus“. So ähnlich hieß der Flussgott, an den sie glaubten. Später sagte man „Salza“ zum grünen Gewässer. Den Namen „Salzach“ bekam der Fluss erst vor etwa 200 Jahren. Fällt dir auf, dass das Salz im Namen steckt?

Das wertvolle Salz vom Dürrnberg bei Hallein wurde sehr lange Zeit in kleinen Booten, sogenannten Zillen, auf dem Fluss transportiert. Es gab damals häufig Überfälle von Piraten, die das teure Gut stehlen wollten. Das war für alle Beteiligten sehr gefährlich, weil früher die wenigsten Menschen schwimmen konnten. Im 19. Jahrhundert versuchte man sogar mit Dampfschiffen über die Salzach zu tuckern. Vier Mal täglich fuhr damals eine Bootslinie vor dem Café „Bazar“ ab, doch schon bei der allerersten Fahrt lief das Schiff auf eine Schotterbank auf. Nach einem Monat wurde die Idee, mit Personenschiffen auf der Salzach zu fahren, wieder aufgegeben. Nachdem es über hundert Jahre ruhig auf dem Fluss war, wurde 2002 die „Amadeus“ ins Wasser gesetzt. Das Schiff hat nur einen geringen Tiefgang und liegt flach im Wasser. Schotterbänke sind daher kein Hindernis.

SALZ + BURG = SALZBURG

Das Salz war ein wichtiges Handelsgut. Mit der Einhebung von Zöllen, einer Art Gebühr für die Schifffahrt, wurde die Stadt sehr reich. Und woher kommt die Burg? Eine solche wurde meistens in hohen Lagen errichtet. Auf diese Weise konnte man Angreifer frühzeitig entdecken und die darunterliegende Stadt sowie ihre Bewohnerinnen und Bewohner schützen. Aus dieser Burg und dem wichtigen Salz setzt sich mit großer Wahrscheinlichkeit der Name „Salzburg“ zusammen.

Mit dem Bau der Festung Hohensalzburg wurde im 11. Jahrhundert begonnen, also vor etwa 1000 Jahren. Im Lauf der Zeit kamen immer wieder neue Gebäudeteile hinzu oder etwas wurde verändert. Seit 1500, das heißt seit etwas mehr als fünfhundert Jahren, ist der Burgbau vollendet.

WUSSTEST DU,

DASS DIE BURGANLAGE MIT IHREN BASTEIEN 14 000 QUADRATMETER UMFASST UND ÜBER EINE MILLION MENSCHEN JÄHRLICH DIE BURG BESUCHEN?

Etwas fällt auf den ersten Blick auf, wenn du dir die Festung anschaust. Die Mauern sind weiß. Hat das etwas mit dem Salz zu tun? Die Außenmauern sind erst seit dem Jahr 2006 weiß. Zuvor waren sie dunkelgrau und teils von Moos bewachsen. Dann wurde renoviert und alles neu hergerichtet.

! Nach Meinung von Expertinnen und Experten war die Festung auch früher weiß. Mit Salz hat das aber nichts zu tun, denn der Putz besteht aus Kalk, Sand und Wasser.

WAS IST EIN WAPPEN?

Wie Fußballvereine, Orte, Länder oder Städte hat auch Salzburg ein Erkennungszeichen – ein Wappen. Darin hat jede Farbe und jedes dargestellte Symbol eine Bedeutung. Das Salzburger Wappen zeigt eine mächtige Stadtmauer mit offenem Tor und dahinter drei hohe Türme. Der Untergrund ist rot, das ist ein Hinweis auf großartige Leistungen der Stadt. Die goldenen Dächer sollen Reichtum darstellen. Während heute die Festung das Wahrzeichen der Stadt ist, bildete man 1249, im Entstehungsjahr des Wappens, den Rathausturm als Symbol ab. Die Glocken im Rathausturm warnten die Stadtbewohner, wenn irgendwo ein Feuer ausgebrochen war. Vom Turm aus riefen außerdem die Nachtwächter am Abend um neun Uhr zur Nachtruhe. Dann wanderten sie mit ihren Laternen durch die dunklen Gassen der Stadt. Straßenbeleuchtung gab es schließlich noch keine. Die Nachtwächter sorgten für Ordnung und beschützten Bewohner, die spät unterwegs waren, vor Dieben oder anderen gefährlichen Situationen.

TIPPS FÜR NEUGIERIGE

Rauf auf den Gaisberg! Ein Bus (Linie 151) bringt dich nach oben. Du kannst wandern, dich auf dem Abenteuerspielplatz nahe der Zistelalm austoben oder bei schönem Wetter die Paragleiter beobachten, die vom Gipfel starten.

* * *

In nur einer Minute bringt dich die Festungsbahn zur Festung Hohensalzburg hinauf. Wenn du magst, kannst du durch steile Gassen aber auch zu Fuß gehen. Das Festungsmuseum, alte Rüstungen, das Salzmagazin, die Pfisterei (das ist eine Bäckerei) ein Verlies, die Folterkammer und die kunstvoll gestalteten Fürstenzimmer warten auf dich.

* * *

Vom Marko-Feingold-Steg nach Hellbrunn und wieder retour? Ja, und zwar mit einem Schiff auf der Salzach! Mit der „Amadeus" bist du ungefähr vierzig Minuten unterwegs und wirst dabei sehr viel sehen.

MALE DAS STADTWAPPEN AN!

RÄTSEL FÜR ZWISCHENDURCH

Sieh auf deinen Spaziergängen durch Salzburg ganz genau hin. Wo begegnet dir das Stadtwappen überall? Gute Tipps sind der Stieglkeller, die Karolinenbrücke und das Rathaus ... aber nicht nur dort wirst du fündig werden!

FUNDORTE: ....

....

Schau vom Kapuzinerberg auf die Dächer der Stadt: Siehst du das Schloss Mirabell und den Bahnhof? Wie viele Brücken über die Salzach kannst du von hier aus zählen?

Bei einem Besuch auf der Festung: Aus wie vielen Kanonenkugeln setzt sich die Pyramide im Festungshof zusammen? Schätze oder zähle! Vielleicht kannst du es auch nachrechnen?

KANONENKUGELN: ....

AUF DEM GAISBERGGIPFEL IST IMMER VIEL LOS. WANDERGRUPPEN, RADFAHRERINNEN, TOURISTEN UND PARAGLEITER GENIESSEN VON HIER DIE AUSSICHT. MALE DEN SENDER AN UND ZEICHNE MENSCHEN, DIE DEN GAISBERG BESUCHEN.

2

EINE REISE ZU DEN FRÜHEN MENSCHEN

WIE LEBTE MAN FRÜHER?

WAS IST „WEISSES GOLD“?

WAS KANNST DU IN SALZBURG HEUTE NOCH ÜBER DIE KELTEN UND RÖMER ERFAHREN?

VOR LANGER, LANGER, RICHTIG LANGER ZEIT

Auf in die Steinzeit! Dieser Zeitraum wird so bezeichnet, weil damals die Menschen Werkzeuge aus ganz einfachem Material verwendeten – hauptsächlich aus Stein, aber auch aus Holz oder Knochen. Die Steinzeit dauerte bis vor etwa 4 200 Jahren. Die Menschen ernährten sich von den Tieren, die sie bei der Jagd erlegten, Wurzeln, Fischen, Früchten und Pilzen. Die meisten starben schon sehr früh mit ungefähr 30 Jahren. Das Leben ist seither viel bequemer und sicherer geworden: Wir werden älter, weil wir uns abwechslungsreich ernähren und bei Krankheiten Medizin nehmen. Wir schlafen in einem Bett und nicht auf dem harten, feuchten Boden einer Höhle. Und wir gehen zur Schule! Und auf dem Weg dorthin kreuzt heute zum Glück kein Säbelzahntiger mehr deinen Weg.

WENIGE QUELLEN

Eine Quelle hat normalerweise etwas mit Wasser zu tun. Wenn man aber die Geschichte erforscht, ist das nicht so. Da ist eine Quelle etwas, das uns mehr über die Vergangenheit verrät: ein

Buch, ein Foto, ein verziertes Tongefäß. Die Steinzeitmenschen konnten noch nicht schreiben, Kameras gab es nicht. Deshalb sind wir, um etwas über diese Zeit zu erfahren, auf Funde von damals angewiesen: Immer wieder werden beim Bau einer neuen Straße oder eines Hauses alte Waffen, Schmuck oder Werkzeug im Erdreich gefunden. Alte Gräber sind dabei besonders interessant. Man vermutet, dass die Menschen an ein Weiterleben nach dem Tod glaubten und daher ihren Angehörigen Dinge mit ins Grab legten. Je prunkvoller diese waren, umso bedeutender war die Person.

VON HÖHLEN ZU HÄUSERN

Die Menschen in der Steinzeit wohnten nicht nur an einem Ort. Sie schliefen in Höhlen, zogen umher und folgten den Tieren, die sie jagten, wie dem Höhlenbären. Der war sogar größer als die heutigen Braunbären!

Die Landschaft sah nicht immer so aus wie heute. Es gab Zeiten, da war es so kalt, dass fast ganz Europa von Schnee und Eis bedeckt war und auch im Sommer der Schnee nicht taute. Diese Zeiten werden „Eiszeiten" genannt.

Die letzte Eiszeit ist fast 12 000 Jahre her. Als sie zu Ende ging und es wärmer wurde, passten sich die Leute an die neue Situation an. Aus den umherstreifenden Jägern und Sammlern wurden Bauern und Viehzüchter. Sie suchten nach geeigneten Plätzen, ließen sich dort nieder und bauten einfache Holzhäuser. Die Menschen fanden heraus, welche essbaren Pflanzen auf ihren Böden wuchsen und wie sie sie am besten anbauten (zum Beispiel Getreide). Außerdem fingen sie an, Haustiere zu halten (Schweine, Rinder, Schafe, Hunde).

! Auf dem heutigen Gebiet der Stadt entstanden große Siedlungen auf dem Mönchsberg, dem Kapuzinerberg, dem Rainberg, dem Hellbrunner Berg, dem Grillberg (Elsbethen) und entlang der Salzach.

DAS WEISSE GOLD

Seit 2 600 Jahren wird am Dürrnberg bei Hallein Salz abgebaut. Es machte zuerst die Kelten, die hier lebten, reich und bescherte später der Stadt Salzburg großen Wohlstand. Weil es so wertvoll wie Gold war, bezeichneten es die Menschen als „weißes Gold".
Heute legen wir Fleisch in den Kühlschrank, damit es nicht verdirbt, aber so etwas gab es damals nicht. Wie wurden Nahrungsmittel trotzdem möglichst lange haltbar gemacht? Das gelang dank einer Methode, die sich „Einpökeln" nennt. Durch das Einlegen in Salz wird dem Fleisch Wasser entzogen, und auf diese Weise verdirbt es nicht. Salz war außerdem als Gewürz und zum Gerben, wie die Herstellung von Leder heißt, wichtig. Steckt „Hall" in einem Ortsnamen wie bei Hallein oder Hallstatt, hat das immer etwas mit Salz zu tun.

WUSSTEST DU,

DASS AM DÜRRNBERG BIS 1989 SALZ ABGEBAUT WURDE?

ASTERIX UND OBELIX

Untrennbar mit dem Salz vom Dürrnberg sind die Kelten verbunden. Hast du schon einmal von Asterix und Obelix gehört? Das waren Gallier, das sind französische Kelten. Aber was wissen wir über die Salzburger Kelten? Dank archäologischer Funde und römischer Schriftsteller einiges. Sie lebten schon etwa 600 v. Chr. in der Region und bauten auf dem Dürrnberg bei Hallein Salz ab.

Dort, wo sich heute Stadt und Land Salzburg befinden, war früher das keltische Königreich Noricum. Besonders die sogenannten Fürstengräber am Dürrnberg mit luxuriösen Grabbeigaben zeigen, wie wohlhabend das Salz die Kelten gemacht hat. Manchen Fürsten legte man ganze Streitwagen, große hölzerne Kriegsgefährte, mit

ins Grab. Die Kelten konnten es sich außerdem leisten, Waren von weit her zu kaufen. Sie tranken teure Weine aus Italien und ihre Gewänder schlossen sie nicht mehr mit einfachen Nadeln, sondern mit aufwendig verzierten Spangen, sogenannten Fibeln.

IUVAVUM … WAS?

Kurz vor Christi Geburt kamen die Römer und besiegten die Kelten. Wie reagierten die Kelten darauf? Sie passten sich an, übernahmen Bräuche, Kleidung und Sprache der Römer. Aus den keltischen Siedlungen am Rainberg, auf dem Kapuzinerberg und dem Festungsberg entstand eine große römische Stadt: Iuvavum. Vermutlich leitet sich der römische Name Salzburgs vom Fluss Ivarus ab. Denn genau dort, in der heutigen Altstadt am linken Salzachufer, lag das Zentrum. Die Lage war klug gewählt. Die Bevölkerung Iuvavums genoss große Vorteile durch die Schifffahrt auf dem Fluss und die Anbindung an das römische Straßennetz auf dem Land. Überall wurden römische Gutshöfe gebaut. Das waren riesige landwirtschaftliche Betriebe, deren Haupthäuser mit Warmwasser und teilweise wunderschönen Mosaikböden ausgestattet waren. Ein solcher Gutshof wurde vor etwa 200 Jahren in Loig (Wals) gefunden und ausgegraben. In der mit prächtigen Mosaiken ausgestatteten römischen Villa lebten und arbeiteten über hundert Menschen. Heute ist dort leider nichts mehr erhalten. Nur ein Gedenkstein erinnert daran.

Als im 19. Jahrhundert das Denkmal für W. A. Mozart aufgestellt wurde, fand man auch am Mozartplatz ein römisches Mosaik. Wenn du vor der Statue stehst, wirst du es sehen. Das ist jedoch nicht das Original, sondern eine Kopie. Wo das echte Mosaik geblieben ist, weiß niemand. Es ist schon lange spurlos verschwunden.

WAS WISSEN WIR AUS DIESER ZEIT?

Fast 500 Jahre lang herrschten die Römer über Salzburg. Es war eine gute Zeit für die ansässigen Menschen, soweit wir es aus den Quellen wissen. Doch dann zerfiel das Römische Reich, und Iuvavum wurde von fremden Kriegern angegriffen. Bewohnerinnen und Bewohner wurden verschleppt, die Stadt wurde teilweise zerstört, dann wieder aufgebaut, bis die nächsten Plünderer einfielen und wieder vieles zerstörten.

Mit der Zeit gaben die Leute deshalb viele Siedlungen in den Tälern auf. Sie zogen sich auf höher gelegene Ebenen zurück, weil sich diese besser verteidigen ließen und sie sich dort sicherer fühlten.

In der Forschung wird dieser Übergang zum Mittelalter „Dark Ages“ genannt, das heißt auf Deutsch: „Dunkle Jahrhunderte“. Das vor allem deshalb, weil es dazu im Vergleich zu anderen Epochen wieder nur wenige schriftliche Quellen gibt.

Und ohne Informationen können auch Wissenschaftlerinnen und Wissenschaftler kein Licht in das Dunkel der Vergangenheit bringen.

ARCHÄOLOGIE ALS BERUFSWUNSCH

Wie haben die Menschen früher gelebt? Das herauszufinden ist Aufgabe von Archäologinnen und Archäologen, die dafür tief in der Erde graben. Was sie finden, verrät ihnen mehr über die Vergangenheit. In Salzburg konnte bei Bauarbeiten schon einiges ausgegraben werden: Kleinigkeiten wie alte Münzen oder Tonscherben, aber auch eine römische Straße im Kaiviertel, ein Brunnen aus dem Mittelalter (Dreifaltigkeitsgasse/Bergstraße) und in der Nähe römische Mauerreste samt Fußbodenheizung. Wir fahren, gehen und stehen auf dem alten Salzburg. Es liegt unter uns, verborgen in der Erde.

Viele Funde werden in Museen ausgestellt. Römische Mosaiken findest du im „Salzburg Museum“ und im „Domgrabungsmuseum“. In der „Bachschmiede“ in Wals kannst du viel über die römische Villa in Loig erfahren. Einer der Mosaikböden befindet sich im Kunsthistorischen Museum in Wien.

Manchmal ist es klüger, die Funde nach der Entdeckung unten in der Erde zu lassen. Dort sind sie nämlich besser geschützt, da ihnen Luft und Licht an der Oberfläche schaden.

OHNE KELTEN UND RÖMER GÄBE ES ...

... kein Halloween. Dieses Fest ist wahrscheinlich keltischen Ursprungs.

... keine Fußbodenheizungen und Wasserkanäle. Viele nützliche Erfindungen verdanken wir den Römern.

... keine Straßen. Die Römer waren im Straßenbau sehr geschickt.

... keine Eisenbahn, wie wir sie kennen. Die Eisenbahn wurde zwar erst viel später erfunden, aber die Spurbreite stammt von den Römern! Der Abstand zwischen den Schienen beträgt genau 1,435 Meter. So weit waren die Räder der römischen Wagen voneinander entfernt. Übrigens konnten die Salzburgerinnen und Salzburger im Jahr 1860 das erste Mal einen Zug besteigen. Seit damals gibt es den Salzburger Hauptbahnhof.

TIPPS FÜR NEUGIERIGE

Im Haus der Natur erfährst du viel Spannendes über das frühe Leben der Menschen, unser Klima und die Eiszeit! Hier im Science Center kannst du außerdem bei spannenden Experimenten erfahren, was die Wissenschaft seit der Steinzeit geschafft hat.

* * *

Auf ins Keltendorf Salina („Keltenmuseum Hallein“)! Wie lebten die Kelten am Dürrnberg? Spaziere durch die nachgebauten Wohnhäuser und Werkstätten und fühl dich in diese Zeit zurückversetzt! Du kannst deinen Besuch dort obendrein mit der Besichtigung der Salzwelten Salzburg verbinden.

* * *

Der Salzburger Dom stand zu Zeiten der Römer noch nicht. Trotzdem findet man dort ihre Spuren. Mosaiken, Reste einer Fußbodenheizung, eine Römerstraße, ein Käsekeller – all das kannst du im Domgrabungsmuseum unter dem Dom bestaunen! Das Museum ist im Winter nicht geöffnet. Frag im Salzburg Museum nach, wann Führungen möglich sind. In diesem Museum gibt es archäologische Funde, Gemälde, Fotos, Waffen und Musikinstrumente zu bestaunen. Aber Achtung: Das Museum wird bis 2026 umgebaut und ist bis dahin nur eingeschränkt zugänglich.

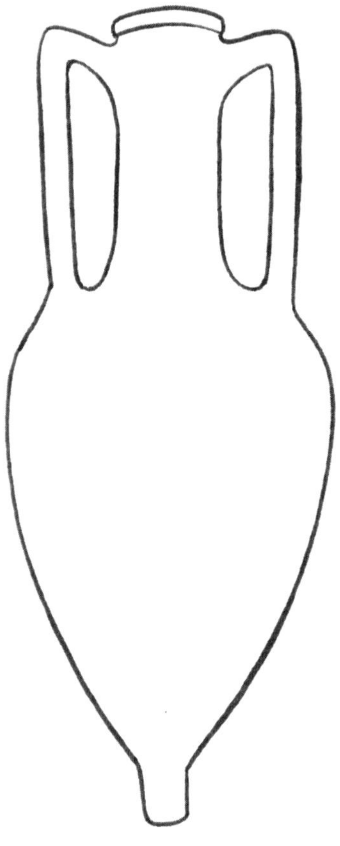

VERZIERE DIE TONGEFÄSSE MIT VERSCHIEDENEN MUSTERN UND MALE SIE BUNT AN.

3

EIN FEST FÜR RUPERT

WARUM IST AM 24. SEPTEMBER SCHULFREI?

WER LIESS DEN DOM BAUEN?

WARUM TRÄGT DER HEILIGE RUPERT EIN SALZFASS?

WARUM AM 24. SEPTEMBER SCHULFREI IST

Nach dem Zerfall des Römischen Reiches und den dunklen Jahrhunderten herrschten die Bayern in Salzburg. Viel war von der Stadt nicht übrig, als der Bischof Rupert, ein hoher geistlicher Würdenträger, um das Jahr 700 vom Bayernherzog Theodo nach Salzburg geschickt wurde. Er sollte die noch junge Religion des Christentums in Salzburg verbreiten. Die Menschen glaubten nämlich damals an verschiedene Naturgottheiten (zum Beispiel Flussgötter) und diese verehrten sie. Das war bei den Kelten und Römern üblich gewesen. Und das war in Salzburg auch im Jahr 700 noch so. Als Bischof Rupert hier ankam, gab es vermutlich mehr Ruinen, also verlassene Häuser, als Menschen in Salzburg. Einige lebten auf dem Festungsberg und auf dem Nonnberg.

RUPERT, DER ERSTE BISCHOF

Rupert errichtete ein Kloster auf dem Kapitelplatz. Er ließ auch eine Kirche bauen. Man weiß heute nicht mehr genau, ob in St. Peter oder dort, wo heute der Dom steht. Die Steine der verfallenen Häuser ringsum waren dafür ein ideales Baumaterial.
In der Stadt Salzburg findet man an mehreren Stellen Statuen des heiligen Rupert. Bischöfe werden häufig mit Mitra, so nennt man ihre Kopfbedeckung, Bischofsstab und Buch dargestellt. Auch der heilige Nikolaus, ebenfalls ein Bischof, war mit diesen Dingen ausgestattet. Ob es sich um den heiligen Rupert handelt, verrät eine kleine Besonderheit: Er trägt ein Salzfass bei sich, weil er der Legende nach die salzhaltigen Quellen in Bad Reichenhall entdeckt hat und mit seinem Bischofsstab entspringen ließ.

DIE NONNEN VOM NONNBERG

Als Rupert nach Salzburg kam, hatte er eine Verwandte mit dabei: seine Nichte Erentrudis. Sie gründete in Ruperts Auftrag das Frauenkloster auf dem Nonnberg.
Der Alltag der Nonnen hat sich in den letzten 1300 Jahren kaum verändert. Um sechs Uhr morgens beginnt ihr Tag, um halb zehn Uhr abends endet er. Dazwischen wird häufig gebetet und jede Nonne geht ihrer Aufgabe nach. Im Klostergarten wachsen Obst und Gemüse, die im Kloster verarbeitet werden.

DAS KLOSTER ST. PETER

In Salzburg gibt es viele Klöster, St. Peter ist das älteste davon. In Klöstern leben Nonnen (Frauen) oder Mönche (Männer), die ihr Leben und Arbeiten Gott widmen. Häufig versorgen sie sich selbst mit Lebensmitteln und Kräutern, die sie anbauen. Wie die katholischen Pfarrer dürfen Mönche und Nonnen nicht heiraten und auch keine Kinder bekommen.

Sehr viele Menschen konnten früher nicht lesen und schreiben. Bei vielen Mönchen und auch einigen Nonnen war das anders: Sie waren sehr gebildet. Das Kloster St. Peter war für seine Schreibstube bekannt. Es gab ja noch keine Computer und keine gedruckten Bücher. Alles musste damals von Hand geschrieben und kopiert werden. Das machten die Mönche: Sie verfassten Texte oder schrieben sie wieder und wieder ab, um das Wissen zu verbreiten.

Heute ist St. Peter besonders für seine Bäckerei bekannt. Dort wird schon seit über 700 Jahren Brot gebacken.

Siehst du den mächtigen Zwiebelturm der zum Kloster gehörenden Kirche? Das ist ein typisches Merkmal des Baustils Barock. Solche Türme werden dir in der Stadt oft auffallen.

VIRGIL, DER MÖNCH AUS IRLAND

Dreißig Jahre nach Rupert wurde Virgil Bischof von Salzburg. Ursprünglich stammte er aus Irland. Von dieser Insel kamen viele gut ausgebildete Mönche auf das europäische Festland, um das Christentum zu verbreiten.

In Salzburg setzte sich Virgil vor allem für den Bau vieler Kirchen ein. Er ließ die Kirche, die Bischof Rupert gegründet hatte, nun zu einem prächtigen Dom ausbauen. Der erste Salzburger Dom wurde genau am 24. September des Jahres 774 eingeweiht.

! Auf Abbildungen und Statuen erkennst du Virgil an dem kleinen Dom, den er in den Händen hat. Vor dem Salzburger Dom findest du sein Erkennungszeichen auf dem Sockel der Statue.

DER DOM VON SALZBURG

Ein Dom ist eine riesige Kirche. Die Hauptfassade des Salzburger Domes besteht aus weißem Untersberger Marmor. Sie ist reich verziert. Die restlichen Seiten des Bauwerks sind schlicht gehalten. Der Salzburger Dom, wie wir ihn heute kennen, ist bereits der dritte an dieser Stelle. Gegen 1600 wurde er nämlich durch ein Feuer schwer beschädigt und musste neu errichtet werden. Im Zweiten

Weltkrieg wurden viele Bomben über Salzburg abgeworfen. Auch der Dom wurde getroffen und in den Jahren nach dem Krieg wieder aufgebaut.

EIN GROSSES FEST FÜR ALLE

In Salzburg wird am 24. September Ruperts Gedenktag gefeiert. Die Kinder haben schulfrei und rund um diesen Tag findet der Rupertikirtag statt. Kettenkarussell, Geisterbahn, Lebkuchenherzen, Zuckerwatte, Blasmusik, Handwerkskunst, Brathenderl und vieles mehr erfreuen am Alten Markt, Domplatz, Residenzplatz, Mozartplatz und Kapitelplatz Gäste aus aller Welt. Solche regelmäßig stattfindenden Feste, „Jahrmärkte" genannt, feierten die Menschen schon im Mittelalter gern. Auf einen solchen Jahrmarkt im Herbst geht der Rupertikirtag zurück. Vermutlich wurde er erstmals vor fast 700 Jahren (1331) gefeiert.

WUSSTEST DU,

DASS AM RUPERTIKIRTAG ETWA 130 BUDEN UND FAHRGESCHÄFTE STEHEN?

WILLKOMMEN IM MITTELALTER ...

... Ritter zu sein, war nicht immer einfach. Es war teuer, weil die Ritter ihre Rüstungen, Waffen, Medizin und die Nahrung für ihr Pferd selbst bezahlen mussten. Es war gefährlich, weil sie in den Krieg reiten mussten. In Friedenszeiten sorgten sie dafür, dass auf ihren Ländereien etwas angebaut und geerntet wurde. Und es war unbequem. In den schweren Eisenrüstungen konnten sich Ritter schwer bewegen, ja, nicht einmal ohne Hilfe auf ihr Pferd steigen!

... Auf einer Burg zu wohnen, bot zwar im Vergleich zum Leben einfacher Bauern so manchen kleinen Luxus und Schutz, war aber trotzdem nicht sonderlich gemütlich, weil es kalt und dunkel war. Eine riesige Burganlage konnte ohne elektrisches Licht und moderne Heizungen nie und nimmer ausreichend beleuchtet und beheizt werden.

... Im Mittelalter roch es ganz sicher häufig nicht angenehm, weil es die Menschen mit der Sauberkeit nicht sehr genau nehmen konnten. Badewannen, Duschen oder Toiletten, wie wir sie heute kennen, gab es noch nicht. Plumpsklos (ohne Spülung) finden sich oft an den Außenmauern einer Festung. Man hat sich nicht regelmäßig gewaschen, meist nur mit kaltem Wasser aus einem Krug. Um die üblen Gerüche zu überdecken, benutzte man Parfums.

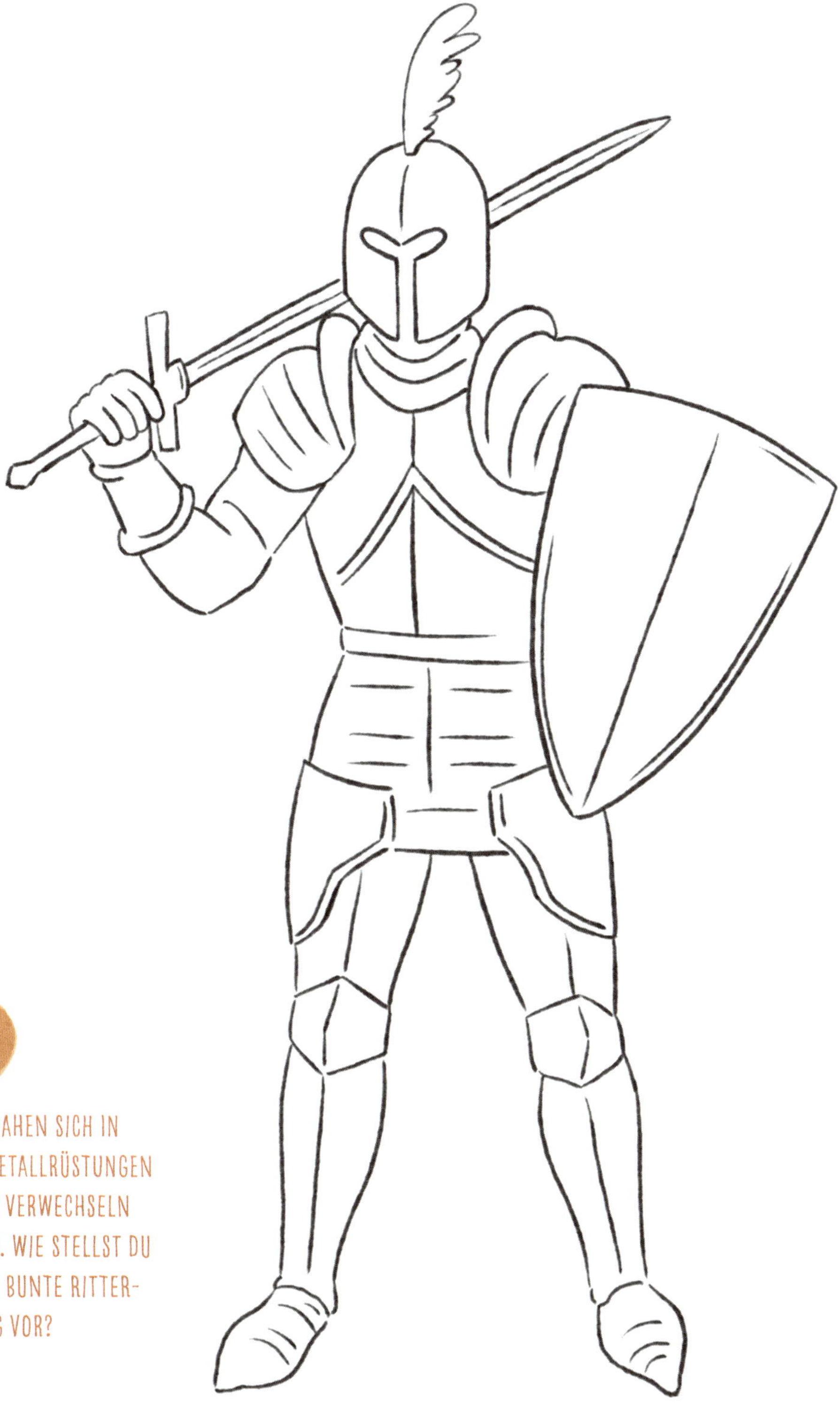

RITTER SAHEN SICH IN IHREN METALLRÜSTUNGEN OFT ZUM VERWECHSELN ÄHNLICH. WIE STELLST DU DIR EINE BUNTE RITTER-RÜSTUNG VOR?

TIPPS FÜR NEUGIERIGE

Auf dem Friedhof von St. Peter sind viele Berühmtheiten bestattet, zum Beispiel Mozarts Schwester Nannerl oder Santino Solari, ein bekannter Baumeister, der um 1600 lebte. In den Katakomben – also Höhlen, die in den Mönchsberg gehauen wurden – lebten Einsiedler.

* * *

Über die Nonnbergstiege kommst du von der Kaigasse auf den Nonnberg. Das Kloster kann zwar von innen nicht besichtigt werden, aber trotzdem gibt es viel zu sehen: Man hat einen herrlichen Blick auf den Stadtteil Nonntal und auf mittelalterliche Wehrmauern. Außerdem ist die Festung Hohensalzburg ganz nah und kann aus einem anderen, weniger bekannten Blickwinkel betrachtet werden. Und du triffst auch auf Erentrudis. Ihre Statue steht beim Eingang zum Kloster.

RÄTSEL FÜR ZWISCHENDURCH

Wenn du auf dem Domplatz vor dem Eingang in die Kirche stehst, siehst du auf der linken Seite eine Statue. Das ist Rupert. Die Statue rechts außen zeigt Virgil. Achte auf die Sockel. Was fällt dir auf? Die beiden mittleren Figuren zeigen keine Erzbischöfe, sondern den heiligen Petrus und den heiligen Paulus. Doch wer ist wer? Petrus hält die Schlüssel zum Himmel in der Hand, Paulus ein Schwert.

....

AUF WELCHEN PLÄTZEN FINDET DER RUPERTIKIRTAG STATT?

....

....

....

WELCHES IST DEIN LIEBLINGSFAHRGESCHÄFT?

....

4

DIE ZEIT DER ERZBISCHÖFE

WO WOHNTEN DIE ERZBISCHÖFE?

WARUM TRAGEN SIE LANGE KLEIDER?

WAS HAT ES MIT DER RÜBE AUF SICH?

MÄCHTIGE MÄNNER IN LANGEN GEWÄNDERN

Sie begegnen dir in Salzburg überall: Männer, die Kleider tragen. In Museen starren sie dich von den Gemälden aus streng an. Ihre Statuen sind über die Stadt verteilt. Aber wer sind diese Männer? Erzbischöfe!

Anderswo herrschten Kaiser oder Könige. In Salzburg hatte der Erzbischof die Macht. Rupert war noch ein einfacher Bischof gewesen. Seine Nachfolger wurden aber immer reicher und mächtiger. Ein Erzbischof ist eigentlich ein Priester, aber eben ein Priester mit sehr viel Macht. Er herrschte nicht nur über die kirchlichen Bereiche des Landes, sondern über ganz Salzburg: über die Menschen, die Ernte und das Salz. Mit Zöllen und Steuern, die die Menschen an ihn abgeben mussten, bezahlte er den Bau von Kirchen, Burgen und Schlössern. Auch alles Salz und Gold aus dem Bergbau gehörten ihm.

Über 500 Jahre lang stand Salzburg unter der Herrschaft der Erzbischöfe und war deshalb kein König- oder Kaiserreich, sondern ein sogenanntes Fürsterzbistum.

Kirchenmänner wie Mönche, Priester und Erzbischöfe tragen lange – oft knöchellange – Kleider. Das ist ihr Erkennungszeichen. Die Kleidung der Erzbischöfe soll Ansehen, Macht und Würde zeigen.

WUSSTEST DU,

DASS DAS ROT IN DEN SALZBURGER BISCHOFSGEWÄNDERN NUR HIER UND IM VATIKAN GETRAGEN WERDEN DARF?

EINE RÜBE FÜR DEN ERZBISCHOF

Leonhard von Keutschach war um 1500 Erzbischof von Salzburg. Er stammte wie die meisten Erzbischöfe aus einer adeligen Familie und trägt deshalb ein „von" im Namen.

Leonhard von Keutschach ist der einzige Erzbischof, der lange Zeit auf der Festung Hohensalzburg lebte. Er ließ die Burg mit prunkvollen Wohnräumen, einem Goldenen Saal und einer Goldenen Stube ausstatten. Seine Schlafkammer ist mit seinem Wappen geschmückt. Und der Keller der Festung soll damals mit vielen Weinfässern gefüllt gewesen sein.

LEBEN IN SAUS UND BRAUS?

Die Erzbischöfe und Adeligen lebten in großem Luxus. Auf ihrem Speiseplan standen Kaffee, Tee, edle Tiere und Obst aus fernen Ländern. Auch einige sehr reiche Bürger konnten sich das leisten. Alle anderen Menschen wohnten in sehr einfachen Hütten und ernährten sich von Eintopf, Brot und Gemüse und mussten hohe Steuern zahlen.

EIN ERZBISCHOF DROHT SEINEN BÜRGERN

Leonhard von Keutschachs Nachfolger Erzbischof Matthäus Lang von Wellenburg war ein besonders strenger Herrscher. Er verbot den Menschen, Holz aus dem Wald zu holen, damit genug für den Bergbau übrigblieb. So konnten sie kein Feuer machen, um zu kochen oder zu heizen, doch die Gewinnung von Gold und Salz war dem Erzbischof wichtiger. Viele der Menschen hatten zudem einen anderen Glauben angenommen – sie waren Protestanten, und der Erzbischof wollte das nicht akzeptieren. Die Bauern durften nicht selbst über ihr Leben bestimmen. Wenn sie wegziehen oder heiraten wollten, mussten sie um Erlaubnis bitten. Das Land, auf dem sie arbeiteten, gehörte ihnen oft nicht und sie mussten einen Teil der Ernte an den Erzbischof abliefern. Als dieser die Abgaben immer weiter erhöhte, war es den Menschen endgültig zu viel und es kam

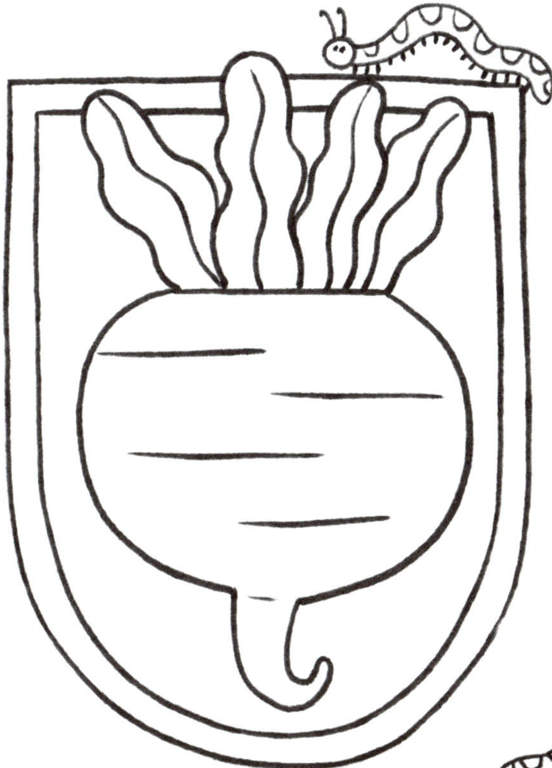

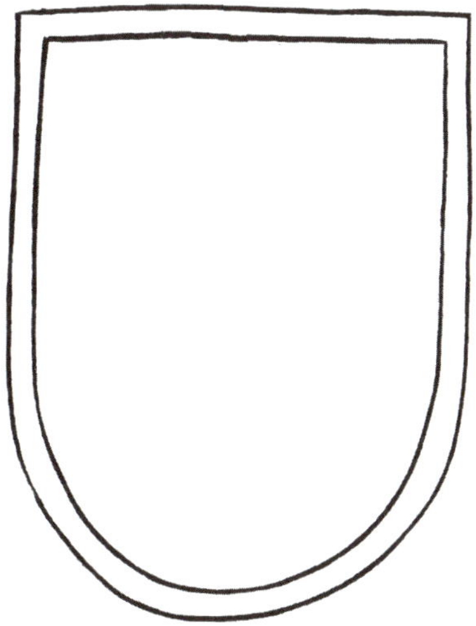

DAS WAPPEN VON LEONHARD VON KEUTSCHACH ZEIGT EINE RÜBE. DIE LEGENDE BESAGT, SEIN ONKEL HÄTTE IHM EINE RÜBE HINTERHERGEWORFEN, WEIL ER SICH BEI SEINEM STUDIUM NICHT GENUG ANSTRENGTE. DIE GESCHICHTE IST ABER FREI ERFUNDEN.
IN WIRKLICHKEIT IST DIE RÜBE WIEDER EIN HINWEIS AUF REICHTUM. MALE ES AN UND DENK DIR SELBST EIN WAPPEN FÜR DEINE FAMILIE AUS!

zu Aufständen der Bevölkerung. Diese schlug der Erzbischof nieder, indem er einfach die Kanonen der Festung auf die Stadt – und damit auf seine Untertanen – richten ließ.

Einige Zeit später, in den Jahren 1525 und 1526, taten sich die Bauern mit den Bergknappen zusammen. So wurden die Menschen, die in Bergwerken arbeiteten, genannt. Gemeinsam besetzten sie Salzburg. Die Stadtbewohner verbündeten sich mit ihnen und öffneten die Tore für sie. Der Erzbischof floh daraufhin mit seinem Gefolge auf die Festung. Währenddessen wurde seine Residenz geplündert. Der Konflikt endete mit einem Waffenstillstand. Die Lage der Bauern und Knappen besserte sich zwar in den nächsten Jahren, aber wirklich frei wurden sie erst über 300 Jahre später.

EINE GLÜCKLICHE FAMILIE?

Katholische Priester dürfen nicht heiraten und auch keine Kinder haben. Das ist heute noch immer so. Erzbischof Wolf Dietrich von Raitenau, der Salzburg von 1587 bis 1612 regierte, hielt sich aber nicht an diese Regel. Er hatte eine Geliebte aus dem Volk: Salome Alt. Sie hatten 15 Kinder miteinander und waren möglicherweise heimlich verheiratet. Salome Alt soll damals die schönste Frau in ganz Salzburg gewesen sein.
Alle in Salzburg wussten, dass sie die Frau an der Seite des Erzbischofs war, obwohl die katholische Kirche das streng verboten

hatte. Trotzdem: Salome saß mit am Tisch, wenn Gäste zum Essen eingeladen waren. Für sie ließ der Erzbischof sogar das Schloss Mirabell unter dem Namen Schloss Altenau errichten. Wolf Dietrich war Erzbischof. Er konnte tun, was er wollte.

WO DIE ERZBISCHÖFE LEBTEN

Bis etwa 1120 lebten die Bischöfe von Salzburg im Kloster St. Peter. Danach wurde ein Palast für sie errichtet: die Alte Residenz am Dom- und Residenzplatz. Wolf Dietrich von Raitenau ließ zusätzlich eine Neue Residenz errichten. Weil der Neubau viele Mängel aufwies, zog der Erzbischof nicht ein, sondern ließ das Gebäude sofort wieder umbauen.

DAS ENDE DER KIRCHLICHEN MACHT

Ab 1803 konnte der Erzbischof nicht mehr über die Bevölkerung bestimmen. Der letzte Erzbischof, der Landesherr war, hieß Hieronymus Graf Colloredo. Napoleon eroberte die Stadt mit seinen Truppen, und in den folgenden 13 Jahren versuchten fünf verschiedene Machthaber, Salzburg unter ihre Herrschaft zu bringen. Sie plünderten Stadt und Land aus und die Menschen in Salzburg waren danach bitterarm.

Seit 1816, also seit über 200 Jahren, ist Salzburg ein Teil von Österreich. Einen Erzbischof hat Salzburg heute immer noch. Dieser lebt und arbeitet aber nicht mehr in der Residenz, sondern im erzbischöflichen Palais. Das ist ein Eckhaus am Kapitelplatz.

DIE DREIFALTIGKEITSKIRCHE ...

... ist eine von unzählbar vielen Kirchen und Kapellen in der Stadt. Vermutlich sind es über 50. Einige davon stammen vom barocken Bildhauer und Architekten Johann Bernhard Fischer von Erlach. Zu seinen bekanntesten Bauwerken gehören Ursulinenkirche und -kloster und die Kollegienkirche sowie der Hofmarstall und die Felsenreitschule, in denen heute die Festspielhäuser sind und bei denen er für die Fassadengestaltung zuständig war.

... zeigt vor der großen, mittleren Kuppel vier Figuren: Glaube, Hoffnung, Liebe und göttliche Weisheit. Dazwischen und an anderen Stellen ist das Wappen Erzbischofs Johann Ernst von Thun zu sehen. Er ließ die Kirche um 1700 errichten.

... findest du am Makartplatz. Wenn du dort stehst, kannst du das Hotel Bristol nicht übersehen. Es war das erste Hotel rechts der Salzach mit elektrischer Beleuchtung (seit 1892). Bevor das Hotel gebaut wurde, stand hier nämlich ein Elektrizitätswerk.

DER DOM IST SALZBURGS GRÖSSTE KIRCHE.
VERZIERE SEINE FASSADE NACH DEINEN VORSTELLUNGEN!

TIPPS FÜR NEUGIERIGE

Auf geht's zu einer Zeitreise! Im DomQuartier erwarten dich Schlafkammer, Schreibkabinett und Audienzzimmer der Erzbischöfe.
Schreite durch die Prunkräume der Alten Residenz und fühle dich wie einer der Landesherren vor Hunderten von Jahren! Auf den Gemälden entdeckst du die Erzbischöfe. In der Kunst- und Wunderkammer kannst du bestaunen, was sie alles gesammelt haben. Was siehst du und würdest du damit gern dein eigenes Zimmer schmücken?

* * *

Schau im DomQuartier oder im Salzburg Museum genauer hin. Manche Erzbischöfe stellen mit Schmuck oder Symbolen im Hintergrund ihren Reichtum und ihre große Macht zur Schau.

* * *

Stille Nacht – das berühmteste Weihnachtslied der Welt wurde 1818 im Land Salzburg komponiert. Mehr über seine Entstehung kannst du im Stille-Nacht-Museum in Hallein erfahren oder du gehst direkt an den Ort seiner Entstehung in die Stille-Nacht-Kapelle in Oberndorf.

RÄTSEL FÜR ZWISCHENDURCH

Wenn du in der Stadt unterwegs bist, halte Ausschau nach den Wappen der Erzbischöfe. Ein solches Wappen am Gebäude verrät dir, wer es erbauen oder erneuern ließ. Ein Tipp, wo du sicher eines entdecken wirst: Nähe Mozarteum/Mirabellplatz. Dort stehen zwei Gebäude, der Primo- und der Sekundogeniturpalast. Beide ließ Erzbischof Paris von Lodron für seine Geschwister bauen. Sein Wappen erkennst du am Löwen mit dem Brezelschweif.

WO HAST DU NOCH WAPPEN GEFUNDEN?

....

....

Stell dich vor die Dreifaltigkeitskirche auf dem Makartplatz!

WAS KANNST DU AUF DEM WAPPEN ERKENNEN?

....

WELCHE DER VIER FIGUREN KÖNNTE WELCHE SEIN? ....

....

5

PRÄCHTIG UND PRUNKVOLL

WAS BEDEUTET DER NAME DES SCHLOSSES MIRABELL?

WAS IST EIN STEINTHEATER?

SEIT WANN GIBT ES DEN TIERGARTEN HELLBRUNN?

WILLKOMMEN IN DER BAROCKSTADT!

Reich verziert, mit Zwiebeltürmen, Schnörkeln und Engelsfiguren, viel Gold, großen Gärten und Hauptsache teuer. So wurde zwischen 1550 und 1750 gebaut. Jeder Mensch, der nach Salzburg kam oder dort wohnte, sollte sehen, was sich die Erzbischöfe leisten konnten!
Dieser Kunststil heißt Barock. Weil viele Kirchen, Schlösser und Gärten genau in diesen 200 Jahren entstanden, wird Salzburg auch „Barockstadt" genannt.

EIN SCHÖNER AUSBLICK

Als Wolf Dietrich von Raitenau das Schloss Mirabell 1606 für seine Geliebte erbauen ließ, lag es außerhalb der Stadtmauern. So klein war die Stadt damals! „Mirabell" kommt aus dem Italienischen und bedeutet „schöner Blick". Wie passend dieser Name ist, wirst du merken, wenn du durch den Mirabellgarten spazierst. Das darfst du erst seit 1854, davor war der Garten nicht öffentlich zugänglich. Früher traten Mozart, sein Vater Leopold und seine Schwester Maria Anna, besser bekannt unter ihrem Kosenamen Nannerl, im Marmorsaal des Schlosses auf. Heute wird dort gern geheiratet. Die öffentlichen Ämter der Stadt Salzburg haben ihren Sitz im Schloss.

Dir werden im Garten Statuen von antiken Göttern und Helden begegnen, aber auch von Einhörnern und Löwen. Wenn du ein Pferd mit Flügeln in einem Brunnen siehst, dann stehst du vor dem Pegasusbrunnen. Ursprünglich stand dieses geflügelte Pferd auf der Pferdeschwemme am Kapitelplatz. Es übersiedelte erst später in den Brunnen im Mirabellgarten.
Zum Garten gehört auch das Heckentheater. Das ist ein kleines Theater, umgeben von Sträuchern, in dem noch heute Konzerte und Theatervorstellungen aufgeführt werden. Der Mirabellgarten war früher übrigens viel größer als heute. Auf einem Teil des ehemaligen Gartens wurde die Universität Mozarteum gebaut.

GARTENZWERGE IM PARK

Der Zwergelgarten ist ebenfalls ein Teil des Mirabellgartens. Ursprünglich gab es darin 28 Zwerge aus Untersberger Marmor, doch Anfang des 19. Jahrhunderts fand man sie für den Mirabellgarten nicht mehr passend. Darum wurden sie verkauft. Ungefähr hundert Jahre später wollten die Salzburgerinnen und Salzburger ihre Zwerge zurückhaben, aber nur 17 konnten zurückgekauft werden.
Der Zwergelgarten ist der älteste in ganz Europa, die dafür angefertigten Zwerge sind schon über 300 Jahre alt.

WUSSTEST DU,

DASS JEDER ZWERG ZWISCHEN 300 UND 400 KILOGRAMM WIEGT?

DIE FIGUREN IM ZWERGELGARTEN SIND AUS STEIN. MALE DEM ZWERG EIN BUNTES GEWAND!

Das merkt man den Figuren jedoch nicht an. Sie wurden vor einigen Jahren restauriert, also geputzt und ihre Schäden ausgebessert.

Manche Zwerge symbolisieren die zwölf Monate. Welche Frucht bietet dir die Zwergin mit der Obstschürze an? Diese Zwergin steht für den Erntemonat September.
Die beiden Zwerge mit den Stachelärmeln spielen Ball. Mit den Ärmeln wurde der Ball zurückgespielt, ähnlich wie beim Tennis heute mit einem Schläger.

EIN SCHLOSS AM TEICH

Am Ufer des Leopoldskroner Weihers ließ Erzbischof Firmian um 1740 ein Schloss errichten. Er liebte diesen Ort sehr. Als er starb, wurde sein Leichnam zwar im Dom bestattet, sein Herz aber in der Schlosskapelle. Später wechselte das Schloss mehrmals den Besitzer und verfiel. 1918 erwarb es der berühmte Schauspieler Max Reinhardt, renovierte und baute es um. Heute ist das Schloss ein Hotel. Rundherum erstreckt sich eine barocke Gartenanlage.

Ein Teil des Weihers wurde immer schon zum Baden oder im Winter zum Eislaufen genutzt. Baden ist heute aus Tierschutzgründen nicht mehr erlaubt. Dafür gibt es gleich in der Nähe seit den 1960er-Jahren das „Freibad Leopoldskron" (Lepi).

DER TIERGARTEN HELLBRUNN ...

... beherbergt etwa 1500 Tiere. Das waren nicht immer so viele. Im privaten Tiergarten des Erzbischofs Markus Sittikus gab es Rotwild, Schildkröten, Vögel, Fische, Wölfe, Luchse und Bären.

... gehört zum Schloss Hellbrunn. Es entstand zwischen 1613 und 1615. Dafür verantwortlich war der Baumeister Santino Solari, der auch den Dom errichtet hat. Ein Schloss brauchte damals immer auch einen Park, um zu zeigen, dass man sich eine große landwirtschaftlich nicht genutzte Fläche leisten konnte. In Hellbrunn kamen sogar ein paar Spezialeffekte hinzu: die Wasserspiele. Setzten oder stellten sich Gäste an eine falsche Stelle, wurden sie mit Wasser bespritzt. Wenn du nicht aufpasst, wirst auch du bei einem Besuch nass werden!

... wurde 1961 neu geschaffen. Angeblich wurde der alte Tiergarten um 1800 von französischen Soldaten zerstört, als die Herrschaft der Erzbischöfe endete.

... braucht ungefähr 30 000 Kilogramm Fleisch pro Jahr als Futter für die Tiere. So viel wiegen etwa 60 Kühe oder 250 Schweine.

DIE KIRCHE MIT DEN DREI NAMEN

„Weiße Kirche“ oder „Universitätskirche“? Offiziell heißt das Bauwerk „Kollegienkirche“. Sie befindet sich am Universitätsplatz und wurde von Johann Bernhard Fischer von Erlach errichtet. Betrittst du die Kirche, siehst du ... weiß, überall weiß! Durch die vielen Fenster strömt glitzernd helles Licht ins Innere.

Auch wenn die Kollegienkirche mit wenig Goldschmuck auskommt, ist sie eine der bekanntesten Barockkirchen Salzburgs. Als sie vor über 300 Jahren gebaut wurde, kam sie bei den Salzburgerinnen und Salzburgern aber nicht gut an. Sie hielten die Kirche für zu modern.

Siehst du den Brandfleck am Marmorboden? Der stammt aus einer Zeit, als französische Soldaten die Kirche als Heulager genutzt haben.

Wie viele andere Bauten in Salzburg steht auch diese Kirche unter Denkmalschutz. Ist ein Bauwerk geschützt, darf daran nichts verändert werden, außer etwas muss repariert werden. Die Kollegienkirche soll in Zukunft noch genauso aussehen wie an dem Tag, an dem du sie besichtigt hast.

Auf dem Platz vor der Kirche findest du eine Menge Marktstände, an denen du Obst, Gemüse, Holzspielzeug, Blumen und vieles mehr kaufen kannst. Nur an Feiertagen und Sonntagen nicht. Diesen „Grünmarkt“ gibt es schon seit über 160 Jahren.

GOTIK

Franziskanerkirche

BAROCK

Stiftskirche St. Peter

WORAN ERKENNST DU EINEN BAUSTIL? SPITZ, HOCH ODER RUND …

Vor der Barockzeit gab es auch noch andere beliebte Baustile: Einer davon ist die Romanik. Runde Formen, Bögen, kleine, rundliche Fenster, dicke Mauern wie die einer Burg. In Salzburg ist kaum mehr etwas Romanisches erhalten. Wenn du auf dem Friedhof St. Peter stehst, siehst du einen kleinen Vorbau an der Stiftskirche. Das ist die romanische Mariazellerkapelle. Früher hieß sie Katharinenkapelle.

Auf die Romanik folgte die Gotik. Während dieser Phase wurde spitz und hoch mit bunten Fenstern gebaut. Alles sollte dem Himmel zustreben. Die Franziskanerkirche und St. Blasius am Ende der Getreidegasse sind gotische Bauwerke. Stehst du am rechten Ufer der Salzach und blickst über den Fluss, erheben sich die Türme der Kirchen hoch in den Himmel: der barocke Dom, die Franziskanerkirche, die barocke Kollegienkirche, St. Blasius. Erkennst du die Unterschiede?

Streng genommen ist die Franziskanerkirche nicht nur gotisch, aber das gilt für viele Bauten. Wenn Kirchen im Lauf der Jahrhunderte erweitert oder umgebaut wurden, vermischten sich die verschiedenen Stile miteinander.

TIPPS FÜR NEUGIERIGE

An einem heißen Tag sorgen fünf Becken in Salzburgs größtem Freibad Lepi für Abkühlung!

* * *

Nass wirst du auch bei den Wasserspielen. Wenn du in Hellbrunn bist, solltest du dir Zeit nehmen, den Zoo zu besuchen!

* * *

Warst du schon einmal im Steintheater? Dort kann man wunderbar auf den Felsformationen herumklettern und durch die Steingänge schlüpfen.
Ein Spaziergang außerhalb der Zoomauern führt dich dorthin. Früher hat man aus diesem Steinbruch Steine für das Schloss und andere Bauten verwendet. Schon kurz nachdem Hellbrunn fertiggestellt worden war, wurde der ehemalige Steinbruch zu einer außergewöhnlichen Naturbühne für Theater und Konzerte.

* * *

Wenn du dir einen Eindruck über das ländliche Leben und das Handwerk in früheren Zeiten verschaffen möchtest, genieße einen Tag im Freilichtmuseum in Großgmain. Die Häuser wurden an anderer Stelle abgetragen und hier wieder aufgebaut.

RÄTSEL FÜR ZWISCHENDURCH

Erkunde den Mirabellgarten samt Heckentheater, Zwergelgarten und den vielen Statuen. Schau dir die Zwerge genau an. Jeder und jede hat eine Aufgabe.

Findest du den träumenden Gärtner?

Wenn du durch die Altstadt spazierst, siehst du sehr viele Kirchen. Welche sind eher gotisch? Welche barock?

GOTISCH:

....

....

....

BAROCK:

....

....

....

....

....

LINZER GASSE
MIRABELL-
GARTEN
PLATZL
GRIESGASSE
STEINGASSE
GETREIDEGASSE
JUDENGASSE
HOFSTALLGASSE
RESIDENZPLATZ

6

AUF SPURENSUCHE IN DEN GASSEN

WARUM BAUTE MAN EIGENE BADEWANNEN FÜR PFERDE?

WO WURDE DIE BOSNA ERFUNDEN?

WARUM HAT DIE GETREIDEGASSE NICHTS MIT GETREIDE ZU TUN?

SPAZIERGANG DURCH DIE VERGANGENHEIT

Die Menschen, die früher in Salzburg lebten, haben hier ihre Spuren hinterlassen. Du merkst das ganz deutlich, wenn du durch die engen Gassen gehst, denn der Raum zum Bauen war von den Bergen stark eingeschränkt. Außerdem beanspruchten der Erzbischof und die Klöster die besten Plätze für sich. So mussten sich die Bewohnerinnen und Bewohner dort ansiedeln, wo die Salzach bei Hochwasser über die Ufer trat. Sie nutzten jeden freien, halbwegs sicheren Winkel, deshalb drängen sich die Häuser in der Judengasse und der Getreidegasse dicht an dicht.

Händler und Handwerker ließen sich im Mittelalter und in der Neuzeit in Salzburg nieder. An manchen Straßennamen kann man ablesen, was damals dort gemacht wurde. In der Goldgasse gab es zum Beispiel viele Goldschmiede. Wein, Olivenöl, Gewürze, Früchte, Seife und Reis aus weit entfernten Gebieten wurden im Stadtzentrum verkauft, während die Einheimischen ihr Geld mit dem Handel von Salz, Pelzen, Kupfer, Leder und Wachs verdienten. Die Waren wurden auf Marktplätzen angeboten und nicht in Geschäften wie heute.

Der Waagplatz ist der älteste Marktplatz auf dem Stadtgebiet. Weitere kleine Märkte waren über die ganze Stadt verteilt.

GETREIDEGASSE

Früher hieß die Gasse „Trabgasse" – nach dem Wort „trabig". Hast du es in Österreich „trabig", dann hast du es sehr eilig. Der Name wandelte sich ein paar Mal, bis er endlich zur „Getreidegasse" wurde, aber mit Getreide hat er eigentlich nichts zu tun.

Vor Hunderten von Jahren herrschte in der Getreidegasse offenbar ähnlich großer Trubel wie heute. Handwerker stellten ihre Waren her, verkauften sie, in den Gaststätten wurde selbst gebrautes Bier ausgeschenkt. Das tranken sogar schon die Kinder! Bier enthielt damals weniger Alkohol als heute und war immer noch gesünder als das schmutzige Wasser, das man sonst hätte trinken müssen. Die reichen Bürger der Stadt wie Richter, Apotheker und Kaufleute hatten ihre Häuser und Wohnungen in der Getreidegasse.

Schau nach oben! Siehst du die Balken an den Häusern? Das sind die Reste von Lastenzügen. So wurden schwere Waren hinaufgezogen und ins Haus gebracht. Auffällig sind auch die Zunftzeichen über den Eingängen. Das sind Symbole, die für verschiedene Berufe stehen, die in diesen Häusern ausgeübt wurden. Schuster, Bäcker, Regenschirmmacher – unterschiedliche Händler und Handwerker machten mit diesen Schildern auf sich aufmerksam.

Wärst du im Mittelalter durch die Getreidegasse oder entlang der Salzach spaziert, hättest du dir wahrscheinlich die Nase zugehalten. Müll, Essensreste und Kot wurden einfach auf die Straßen gekippt. Die Getreidegasse wurde jeden Samstagmorgen und vor Feiertagen mit Wasser aus dem Almkanal geflutet und so von dem ganzen Unrat gereinigt. Dieser wurde dann einfach in die Salzach geleitet.

WUSSTEST DU,

DASS DIE GESAMTE SALZBURGER ALTSTADT TEIL DES UNESCO-WELTKULTURERBES IST?

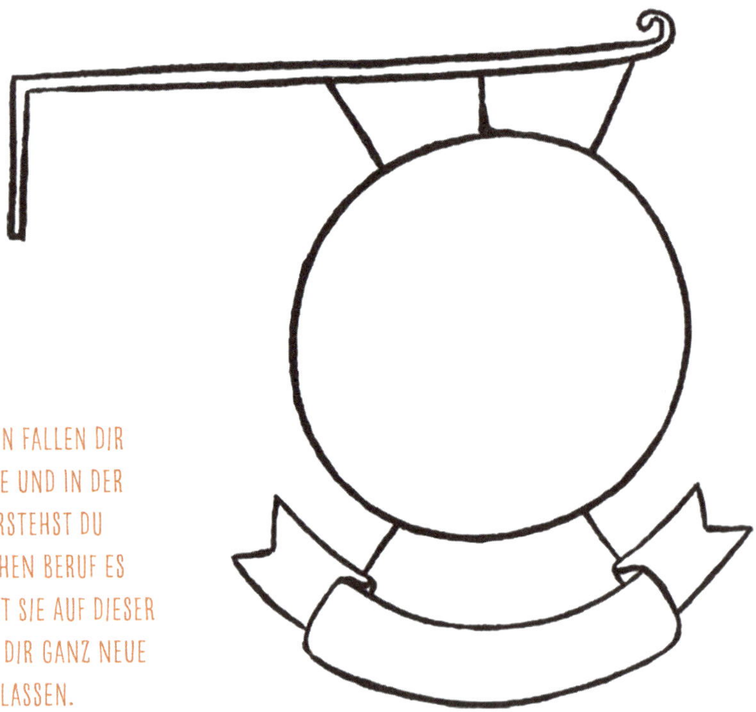

WELCHE ZUNFTZEICHEN FALLEN DIR IN DER GETREIDEGASSE UND IN DER JUDENGASSE AUF? VERSTEHST DU BEI JEDEM, AUF WELCHEN BERUF ES VERWEIST? DU KANNST SIE AUF DIESER SEITE ABMALEN ODER DIR GANZ NEUE SCHILDER EINFALLEN LASSEN.

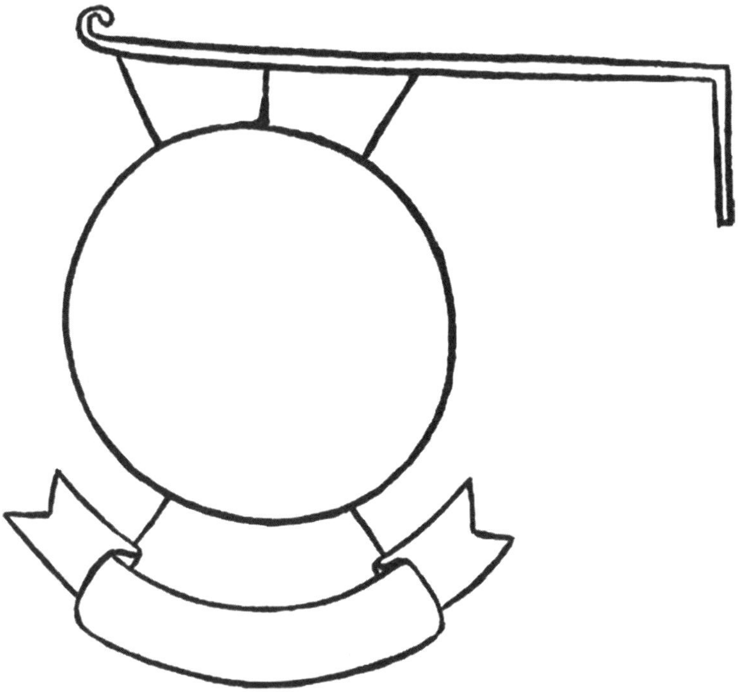

IN DER JUDENGASSE …

… stechen wieder die Zunftzeichen ins Auge.

… kannst du das ganze Jahr über Weihnachts- und Osterschmuck kaufen. Judengasse und Getreidegasse sind heute die bekanntesten Einkaufsstraßen in Salzburg.

… lebten bis ins Jahr 1498 viele Juden. Das Judentum ist eine sehr alte Weltreligion, älter noch als das Christentum. Weil die Juden ein Volk sind, das aus seiner Heimat vertrieben und in alle Welt zerstreut wurde, mussten sie sich immer wieder eine neue Bleibe suchen. Der Großteil der Bevölkerung in Salzburg waren Christen. Im Mittelalter wurden die Probleme zwischen den Religionen größer. Wenn Krankheiten ausbrachen oder sich eine Naturkatastrophe ereignete, hatte man damals noch keine vernünftige Erklärung für solche Dinge. So gab man den Juden die Schuld und vertrieb sie aus der Stadt.

… stand eine Synagoge. Das ist eine jüdische Kirche. Wahrscheinlich befand sie sich im Haus Nr. 15, in dem heute ein Hotel ist.

UND – SCHWUPS – BIST DU SCHON IN EINER ANDEREN STRASSE!

Schnell von einer Gasse in die nächste? Das geht von der Getreidegasse aus, denn die Gassen in der Altstadt sind gut miteinander verbunden. Um Zeit zu sparen, wurden zwischen den Häusern Durchgänge geschaffen. Findest du die Hausnummer 33 in der Getreidegasse? In diesem Durchhaus zum Universitätsplatz versteckt sich der „Balkan-Grill". Seit über 70 Jahren wird dort Bosna, eine Art scharfer Hot-Dog, verkauft. Die Bosna wurde in Salzburg erfunden.

! Im Schatz-Durchhaus hängen im Gewölbe ein vertrockneter Hai und eine Walrippe. Sie dienten als Werbeschild für ein früheres Handelshaus und waren schon als Bühnenausstattung bei den Festspielen im Einsatz.

IN MÜLLN WURDE MEHL GEMAHLEN

Der Stadtteil Mülln lag ursprünglich außerhalb der Stadtmauern. Am Namen lässt sich ablesen, dass hier einst viele Mühlen angesiedelt waren, die die Salzburgerinnen und Salzburger mit Mehl versorgten. Die Verbindung zur Innenstadt war das Klausentor, das früher sogar über eine Zugbrücke verfügte. Auf der Suche nach dem Stadtwappen wirst du hier wieder fündig werden.

Mülln hat auch eine Schanze. Wenn du jetzt aber an Skispringer denkst, liegst du falsch. Die Müllner Schanze ist ein Wehrbau aus dem 17. Jahrhundert, der im Dreißigjährigen Krieg zur Verteidigung gegen feindliche Soldaten errichtet wurde.
Die Häuser entlang der Müllner Hauptstraße stammen teilweise noch aus dem Mittelalter oder der frühen Neuzeit. Ein solches Gebäude ist der „Bärenwirt", eines der ältesten Wirtshäuser in der Stadt. Hier soll im Jahr 1562 ein toter Bär von der Salzach angeschwemmt worden sein.

Die Salzburger Altstadt ist durch die Salzach in zwei Hälften geteilt. Wirf ein Blatt oder ein Stöckchen ins Wasser. In welche Richtung fließt es? Der Stadtteil am linken Ufer in Fließrichtung wird linke Altstadt genannt.

LINZER GASSE

Auf der anderen – der rechten – Salzachseite war die Linzer Gasse schon zu Zeiten der Römer eine wichtige Straßenverbindung durch Salzburg und in die umliegenden Dörfer. Siehst du den Engelskopf und eine Tafel mit einem Gedicht von Georg Trakl am Haus Nr. 7? Dort war früher die Engelapotheke untergebracht. Georg Trakl, ein berühmter Salzburger Dichter, arbeitete hier als Gehilfe. Er

begegnet dir auch noch auf dem Traklsteg, der die beiden Stadtteile Lehen und Itzling links und rechts der Salzach verbindet. Du findest in der Altstadt auch immer wieder Tafeln mit seinen Gedichten. Schau einmal im Mirabellgarten nach!
Auf deinem Weg durch die Linzer Gasse kommst du an der barocken Sebastianskirche vorbei, neben der es durch einen schmalen Durchgang auf den Sebastiansfriedhof geht. Wolf Dietrich von Raitenau und viele bekannte Persönlichkeiten wie Mozarts Frau Constanze oder sein Vater Leopold sind hier begraben.

STEINGASSE

In der Steingasse siedelten sich Betriebe an, die viel Wasser benötigten, weil hier die Salzach bis an die Häuser heranreichte. Töpfer stellten Kachelöfen her, Leinenweber erzeugten Stoffe. Bei den Gerbern entstand mithilfe von Chemikalien Leder aus Tierhäuten, was einen fürchterlichen Gestank verursachte. Auch hier hättest du dir wahrscheinlich die Nase zugehalten.
Die Steingasse war durch die Nähe des Flusses oft von Hochwassern betroffen. Schlamm blockierte dann die Tore in den Stadtmauern. Durch eines dieser Tore, das Innere Steintor, kannst du heute noch spazieren.
Viele Häuser in der Steingasse wurden, weil nicht mehr Platz vorhanden war, direkt an den Kapuzinerberg gebaut. Regnete es, tropfte das Wasser nicht selten durch die Zimmer nach unten.

DIE ANGST VOR DEM FEUER!

Wie in vielen Städten brannte es auch in Salzburg oft, weil über offenem Feuer gekocht wurde und die Häuser – ganz oder zu großen Teilen – aus Holz bestanden. Da konnte ein Brand schnell übergreifen. War das der Fall, warnten zwei Kanonenschüsse von der Festung aus die Bevölkerung und alle mussten beim Löschen helfen. In vielen Gebäuden standen zu diesem Zweck im obersten Stock jederzeit große Behälter mit Wasser bereit.

Schaust du von oben – zum Beispiel vom Festungsberg aus – auf die engen Gassen der Altstadt hinunter, werden dir viele eigenartige Dächer auffallen. Das sind sogenannte Grabendächer. Brach ein Feuer aus, verhinderte diese Bauweise das schnelle Überspringen der Flammen auf das Nachbarhaus.

Manchmal waren die Leute aber machtlos. In dem Haus, wo sich heute die „Rupertus Buchhandlung" befindet, brach 1818 in der Küche ein Feuer aus. Die Flammen wüteten vier Tage lang und legten große Teile der rechten Altstadt in Schutt und Asche. Der Wind entfachte das Feuer immer wieder. Es brannte in der Bergstraße, in der Dreifaltigkeitsgasse, in der Linzer Gasse, auch das Schloss Mirabell war betroffen. Eine richtige Feuerwehr gab es damals noch nicht. Die Geräte zum Löschen waren zu langsam und nicht stark genug, um ein großes Feuer zu bekämpfen. Eine Feuerwehr, wie wir sie heute kennen, entstand erst ungefähr 40 Jahre später.

EINE BADEWANNE FÜR PFERDE

Bevor es Autos gab, waren Pferde das wichtigste Verkehrsmittel. Sie zogen Kutschen mit Reisenden und Karren mit Lasten. War es sehr heiß, mussten sie sich abkühlen. Nach ihrem Arbeitstag wurden sie meistens an Bächen oder Flüssen gewaschen. Weil Pferde ein sehr wertvoller Besitz waren, ließ man für sie sogar eigene Pferdeschwemmen bauen. Wie Kirchen und Brunnen wurden auch solche Pferdeschwemmen in der Barockzeit aufwendig verziert. Die Wasserbecken siehst du heute noch auf dem Kapitelplatz und zwischen Neutor und Spielzeugmuseum.

Die Ställe der erzbischöflichen Pferde befanden sich ganz in der Nähe, in der Hofstallgasse, wo heute das Festspielhaus steht.

SCHREIBE ALLE BRÜCKEN- UND STRASSENNAMEN, DIE DU KENNST, IN DEN PLAN.

TIPPS FÜR NEUGIERIGE

Welche Spuren aus der Vergangenheit lassen sich im modernen Salzburg noch finden? Nimm das Buch mit und los geht's! Besuche die Orte, die in diesem Kapitel beschrieben werden. Spaziere durch die engen Gassen. Staune über die großen Pferdeschwemmen. Schau nach, welche bekannten Personen auf dem Sebastiansfriedhof ihre letzte Ruhestätte haben.

* * *

Im Lauf der Jahrhunderte ist die Stadt über die alten Stadtmauern hinausgewachsen. Neue Mauern und Stadttore entstanden. An den Toren kontrollierten Wächter alle Menschen, die in die Stadt wollten. In der Nacht waren sie verschlossen. Wenige Tore sind noch erhalten. Das Innere Steintor und das Klausentor hast du in diesem Kapitel bereits kennengelernt. Unweit davon befindet sich das Gstättentor. Schau dir auch die Felixpforte am Kapuzinerberg an.

* * *

Willst du Reste der alten Stadtmauern sehen? Dann wanderst du am besten auf den Kapuzinerberg. Von der Linzer Gasse aus kommst du durch ein schmales Tor hinauf oder du nimmst die Imbergstiege in der Steingasse. Mit etwas Glück triffst du auf die am Berg lebenden Stadtgämsen.

RÄTSEL FÜR ZWISCHENDURCH

Dir werden, wenn du nach oben blickst, öfters Jahreszahlen auffallen. In diesen Jahren wurden die Häuser erbaut oder renoviert. Notiere dir ein paar. Welche ist die älteste, die du finden kannst?

....

Santino Solari begann 1621 mit dem Bau der Müllner Schanze. Erinnerst du dich, was er noch gebaut hat und wo er begraben ist?

....

....

Am Beginn der Linzer Gasse steht das Haus Nr. 1. Was ist an der Fassade besonders? Was du dort siehst, nennt man „Sgraffito“. Dafür werden Figuren und Text in den Putz gekratzt und bemalt. An dieser Stelle stand vor dem Stadtbrand 1818 eine Kirche. Danach beherbergte dieses Gebäude Kaffeehäuser, ein Hotel, eine Bank und Schuhgeschäfte. Versuche den Text zu entziffern – was ist auf dem Sgraffito zu erkennen?

....

....

7

UNHEIMLICHES IN ALTEN GEMÄUERN

WO STAND DER HEXENTURM?

KONNTE DER „ZAUBERER JACKL“ WIRKLICH ZAUBERN?

WO WIRD ES IN SALZBURG GRUSELIG?

DUNKLE MAGIE, HEXEN UND ZAUBERER

Auf das Mittelalter folgte die Neuzeit, in der viele Dinge wie der Kompass erfunden wurden. Damit konnten sich die Seefahrer auf den Meeren noch besser orientieren und viel weiter segeln als vorher.

Die Neuzeit war eine Hochphase für Wissenschaft und Kunst. Aber es gab auch Schattenseiten: Krankheiten, ein dreißig Jahre dauernder Krieg, Hexenverfolgungen, Vertreibungen von Mitgliedern anderer Religionen. Die meisten Leute waren arm, einige wenige dafür umso reicher. Sogar die Kinder mussten arbeiten. Vor den Kirchen saßen Bettler. Fahrende Händler zogen von Ort zu Ort und boten ihre Waren an. Landstreicher, oft obdachlose Jugendliche, überfielen manchmal Reisende.

HOCHBLÜTE DES ABERGLAUBENS

Was wir heute nur noch als Märchen kennen, hielten viele Menschen früher für wahr. Sogar ein gebildeter Mann wie der Arzt Paracelsus glaubte an Hexen. Viele Dinge, die wir jetzt durch die Wissenschaft erklären können, wie schlimme Krankheiten oder das Wetter, stellte man sich damals als böse Magie vor. Wenn Unwetter die Ernte vernichteten, gab man Hexen die Schuld daran. Litt man unter Rückenschmerzen – wir sagen heute noch Hexenschuss –, musste man verhext worden sein. Frauen und Männer, die sich mit Kräutern auskannten, wurden häufig für Hexen oder Zauberer gehalten und schwer bestraft.

ES WAR EINMAL ... DER ZAUBERER JACKL

Der berühmte „Zauberer Jackl" lebte vor gut 350 Jahren in Werfen, in der Nähe von Salzburg. Sein richtiger Name war Jakob Koller und seine Eltern waren nicht verheiratet. Was für viele heute nichts Besonderes ist, galt damals als Schande. Außerdem hatte Jakobs Vater keinen „ehrenwerten" Beruf, denn er kümmerte sich um die Beseitigung toter Tiere. So hatte Jakob schon von Anfang an schlechte Karten. Seine Mutter und er mussten, um nicht zu verhungern, betteln und stehlen. Eines Tages wurde Barbara Koller dabei erwischt, als sie den Opferstock einer Kirche plünderte. Das ist ein kleines Kästchen, in dem Menschen Spenden hinterlassen. In der Gefangenschaft wurde sie beschuldigt, eine Hexe zu sein. Damals fügte man Menschen Schmerzen zu, um sie zu einer bestimmten Aussage zu bringen. So gestanden die Gefangenen meist fast alles – auch Dinge, die sie gar nicht getan hatten. Barbara Koller behauptete daher, dass sie und ihr Sohn Zauberkräfte hätten.

Sie wurde daraufhin zum Tod verurteilt und die Jagd nach ihrem Sohn begann. Jakob, der von da an „Zauberer Jackl" genannt wurde, versammelte eine Diebesbande aus Kindern und Jugendlichen um sich. Es hieß, er könne sich unsichtbar machen und in einen Wolf verwandeln. Nach und nach wurden immer mehr Kinder aus seiner Bande gefangen genommen und verurteilt, viele davon zum Tod. Mehr als 200 Personen wurden angezeigt und vor Gericht gestellt. Jakob Koller selbst wurde nie gefunden.

EIN TURM FÜR HEXEN?

Auf ins Andräviertel! Was siehst du an der Ecke Paris-Lodron-Straße und Wolf-Dietrich-Straße? Weit und breit keinen Hexenturm! Aber genau dort stand er 460 Jahre lang! Dort, wo heute ein Mosaik an der Wand daran erinnert.
Der Turm war eigentlich nicht für Hexen errichtet worden, sondern ein Teil der Stadtmauern. Als während der Gerichtsprozesse rund um den Zauberer Jackl der Platz in den Gefängnissen knapp wurde, sperrte man angebliche Zauberer und Hexen hier in den Turm.
So bekam er seinen Namen. In späteren Zeiten diente er als Lager für Holz und Baumaterial. Im Zweiten Weltkrieg, der vor nicht einmal hundert Jahren ganz Europa und die Welt erschütterte, wurde der Turm bei Bombenangriffen zerstört.

GRUSELIGES SALZBURG

Einmal im Jahr, am Karfreitag um Punkt zwölf Uhr mittags, soll sich der „Wilde Mann“ auf seinem Brunnen in der Hofstallgasse drehen. Sieh dir die Figur genau an. Was fällt dir auf? Sein Körper ist dicht mit Blättern bedeckt. Die Figur stellt wahrscheinlich einen keltischen Flussgott dar. Er hält das Salzburger Stadtwappen in der Hand.

Zwischen Domplatz und Kapitelplatz fällt eine unheimliche Statue auf. Sie heißt Pietá und stammt von Anna Chromy. Es ist ein gesichtsloses, in einen Kapuzenumhang gehülltes Wesen.
Was denkst du, soll diese Figur darstellen? Lies auf dem Sockel nach, was sich die Künstlerin gedacht hat!

! Auf der Festung soll ein Gespenst hausen. Zeigt sich die Frau in Weiß, stehen schwere Zeiten bevor.

TIPPS FÜR NEUGIERIGE

Du willst dich mal so richtig gruseln und wenn es dunkel wird, durch die Stadt spazieren? Dann nimm teil an einer Grusel- oder Nachtwächterführung durch Salzburg.

* * *

Der Zauberer Jackl stammte aus Werfen. Auch dort gibt es eine Festung der Erzbischöfe: die Burg Hohenwerfen. Spannende Ausstellungen rund um Ritter und das Mittelalter, eine Greifvogel-Show und ein begehbarer Glockenturm erwarten dich dort.

* * *

Wenn du durch Salzburg gehst, sticht eine Kirche heraus. Die evangelische Christkuskirche in der Schwarzstraße sieht ganz anders aus als die katholischen Kirchen. Sie besteht aus rotem Backstein – wie die protestantischen Kirchen in Norddeutschland und England – und wurde Mitte des 19. Jahrhunderts gebaut. Heute leben evangelische und katholische Christen in friedlicher Eintracht zusammen. Das war aber nicht immer so.
Im 18. Jahrhundert wurden alle, die dem protestantischen Glauben anhingen, aus dem Land vertrieben oder mit brutalen Mitteln gezwungen, zum katholischen Glauben zurückzukehren.

8

MUSIK LIEGT IN DER LUFT

WO HAT MOZART GEWOHNT?

WAS HAT MOZART GERN GEGESSEN?

WIE HIESS MOZARTS HAUSTIER?

MOZART, MOZART, MOZART – ÜBERALL MOZART!

Mozartkugeln, Mozartplatz, Mozartsteg, Mozarteum – in der „Mozartstadt" Salzburg ist der weltweit wohl berühmteste Salzburger überall zu finden. Mozart war ein „Wunderkind", das schon im Alter von vier Jahren musizierte und sogar eigene Lieder komponierte.

WUSSTEST DU,

DASS MOZART IN SEINEM LEBEN 626 MUSIKWERKE GESCHAFFEN HAT?

Früher kamen fast alle Kinder zu Hause auf die Welt und nicht im Krankenhaus wie heute. Vor mehr als 260 Jahren, 1756, wurde Joannes Chrysostomus Wolfgangus Theophilus Mozart in der Getreidegasse geboren. Später nannte er sich selbst „Amade", was die lateinische Übersetzung von Theophilus ist und „Gottlieb" bedeutet. Später wurde daraus „Amadeus".

Mozarts Geburtshaus

Er hatte sechs Geschwister, doch nur er und seine Schwester Maria Anna (Nannerl) wurden erwachsen. Weil die medizinische Versorgung nicht ausreichte, die Wohnungen nicht gut beheizt waren und Kinder nicht gut ernährt werden konnten, überlebten viele die ersten Jahre nicht.

Die Familie Mozart übersiedelte, als Mozart 17 Jahre alt war, ins Tanzmeisterhaus am Makartplatz. Sein Geburtshaus und das Haus, in dem die Familie später wohnte, sind heute Museen mit interessanten Ausstellungen.

ZWEI WUNDERKINDER

Nannerl war fünf Jahre älter als Wolfgang und genauso hochbegabt wie ihr kleiner Bruder. Der Vater der beiden, Leopold Mozart, war selbst Musiker und Lehrer. Zuerst unterstützte er seine Tochter. Doch als er das Talent seines Sohnes erkannte, widmete er seine Aufmerksamkeit fast nur noch Wolfgang. Damals wurde von Frauen erwartet, Hausfrau und Mutter zu werden, und es war ihnen nicht möglich, einen Beruf zu ergreifen.

! Eine Schule besuchten die Mozart-Kinder übrigens nie. Ihr Vater Leopold unterrichtete sie zu Hause.

EINE FAHRT MIT DER KUTSCHE QUER DURCH EUROPA

Wie sollte die Welt im 18. Jahrhundert von den zwei Salzburger Wunderkindern erfahren? Fernsehen, Telefon und das Internet gab es noch nicht. Die Mozarts gingen daher auf Reisen und gaben Konzerte in München, Wien, Paris, London und vielen anderen Städten. Ihre längste Tournee dauerte ganze drei Jahre, fünf Monate und 20 Tage. Damals war man hauptsächlich mit Pferdekutschen unterwegs, im Vergleich zu heute ist das eine langsame und äußerst ungemütliche Art zu reisen. Die Straßen waren holprig. Auf den engen Bänken der Kutsche wurden die Mozarts ordentlich durchgeschüttelt.
Nach drei, spätestens vier Stunden wurde eine Pause eingelegt, weil die Pferde hungrig und durstig waren. Die erschöpften Tiere wurden dann an einer Raststation gegen ausgeruhte getauscht.

Das Übernachten in Wirtshäusern oder Raststationen kostete viel Geld, man bekam dafür aber wenig Komfort und Luxus. Wenn man Pech hatte, waren sogar Flöhe, Wanzen und Läuse im Stroh, auf dem man schlafen musste.

!

Insgesamt 17 Reisen unternahm Wolfgang Amadeus Mozart in seinem Leben. Rechnet man die Reisezeit zusammen, war er in Summe zehn Jahre lang unterwegs.

FORT AUS SALZBURG

Mozart war Hofmusiker. Das bedeutet, dass er für den Landesherrn arbeitete. Er verstand sich mit dem damaligen Erzbischof Hieronymus von Colloredo leider nicht gut, und ihm fehlten in Salzburg die Aufträge. Mozarts Musik war damals lang nicht so bekannt und begehrt wie heute und in Salzburg interessierte man sich wenig für ihn.
1781 zog Mozart nach Wien, wo er zehn Jahre später verarmt starb. Heute gibt es keine lebenden Nachfahren. Nur zwei Söhne wurden erwachsen und diese hatten selbst keine Kinder.

MOZART …

… hatte Kanarienvögel und einen Hund als Haustiere. Der Hund hieß Pimperl. Sein Lieblingsleckerli waren Semmeln.

… ging gern im Mirabellgarten spazieren. Im Tanzmeisterhaus hatten die Mozarts sogar eine eigene Kegelbahn. Noch lieber als Kegeln mochte Mozart aber das „Bölzlschießen". Dabei wurde mit Luftdruckgewehren auf Scheiben mit lustigen Motiven geschossen.

… lernte in Italien süße Früchte wie Melonen und Pfirsiche kennen. Zu Hause in Salzburg kam im 18. Jahrhundert anderes auf den Tisch: Suppen, Wild, Fisch, Kalbfleisch, Speck und Käse. Als Wolfgang einmal in Mailand eingeladen war, durfte er sich das Menü aussuchen: Er wünschte sich Leberknödel und Sauerkraut.

… erhielt als Kind Geschenke für seine Auftritte. Manche davon waren recht seltsam: Zahnstocherbehälter, Schuhschnallen, Obstmesser oder Stofftaschentücher. Hin und wieder war auch etwas Nützliches dabei, Uhren zum Beispiel.

EIN PLATZ FÜR MOZART

Der Mozartplatz war ursprünglich keine freie Fläche. Erzbischof Wolf Dietrich von Raitenau ließ für den Bau seiner Neuen Residenz vor mehr als 400 Jahren über 50 Häuser einfach abreißen. In diesem Gebäude ist heute das „Salzburg Museum" untergebracht. Wenn du um sieben, elf oder 18 Uhr über den Mozartplatz gehst, hörst du die Klänge des Glockenspiels, das über 100 Jahre nach dem Bau der Neuen Residenz montiert wurde.

Stehst du vor dem Mozart-Denkmal, liegt rechts von dir das Antretterhaus. Siehst du die kurvigen Fensterumrahmungen? Damit wurden Hausfassaden im 18. Jahrhundert häufig verziert. Die Familie Antretter war mit den Mozarts befreundet. Wolfgang und der Sohn der Antretters gingen gemeinsam zum Bölzlschießen.

Daneben ist ein ungewöhnlich niedriges Gebäude. Dieses „Imhofstöckl" hat nur zwei Stockwerke. Es durfte nicht höher gebaut werden, weil sonst die Aussicht des Erzbischofs aus seinen Prunkräumen eingeschränkt gewesen wäre. Die Kutschen des Erzbischofs waren dort untergebracht. Dahinter kannst du noch einen Teil der alten Stadtmauer erkennen.

Bis 1849 hieß der Mozartplatz übrigens St. Michaelsplatz nach der anliegenden Michaelskirche.

TIPPS FÜR NEUGIERIGE

Wo und wie hat die Familie Mozart gekocht? Sahen Mozarts Instrumente anders aus als heutige Geigen und Klaviere? Schau in Mozarts Geburtshaus vorbei und finde es heraus. Starte deinen Rundgang im dritten Stock, wo Mozart geboren wurde.

* * *

Acht Zimmer bewohnten die Mozarts im Tanzmeisterhaus. Besuche das Mozart-Wohnhaus und erfahre mehr über die Reisen der Musikerfamilie. Auch Original-Noten sind dort ausgestellt.

* * *

Das Taufbecken im Dom wird von Löwen getragen. Dort wurde Wolfgang Amadeus Mozart getauft.

* * *

Leider wurde Mozart nur 35 Jahre alt. Bis dahin schuf er viele Lieder, Opern und Konzerte. Einige davon kennst du bestimmt. Zwei seiner bekanntesten Werke sind „Eine kleine Nachtmusik“ und die Oper „Die Zauberflöte“.

HÖR DIR MOZARTS MUSIK AN.
WIE GEFÄLLT SIE DIR?

RÄTSEL FÜR ZWISCHENDURCH

Der Mozartplatz wartet darauf, von dir erkundet zu werden.

Mozarts Frau Constanze wohnte nach seinem Tod im Haus Nummer 8. Was befindet sich heute darin?

....

WAS HÄLT DIE MOZART-STATUE IN HÄNDEN?

....

WELCHES LIED SPIELT DAS GLOCKENSPIEL MOMENTAN? KENNST DU ES?

LIED: ....

KANNST DU NOTEN LESEN?
HIER HAST DU PLATZ FÜR EINE EIGENE KOMPOSITION.

9

IN SCHWIERIGEN ZEITEN

WELCHE WAREN DIE LETZTEN KRIEGE IN SALZBURG UND ÖSTERREICH?

WAS IST DAS BESONDERE AN DEN STOLPERSTEINEN?

WIE HAT DIE STAATSBRÜCKE FRÜHER AUSGESEHEN?

SCHATTEN ÜBER SALZBURG

In der ersten Hälfte des vorigen Jahrhunderts erschütterten zwei große Kriege die Welt. Ein Krieg bringt immer Hunger, Not, Angst, Verwüstungen und Tod mit sich. In Salzburg, das damals zum riesigen Reich Österreich-Ungarn gehörte, waren die Zeiten schlecht. Es gab viele Probleme und keine Lösungen. Ein Kaiser aus dem Hause Habsburg regierte das gigantisch große Land. Als 1914 sein Thronfolger getötet wurde, brach der Erste Weltkrieg aus und immer mehr Staaten nahmen daran teil. Die Menschen in Österreich dachten und hofften, in ein paar Monaten wäre der Krieg vorbei. Tatsächlich dauerte er bis 1918!

Das große Habsburgerreich zerbrach, übrig blieb das kleine Österreich. Rohstoffe, Lebensmittel und Fabriken fehlten, weil diese plötzlich in einem anderen Land lagen. Viele Soldaten, die aus dem Krieg heimkehrten, waren körperlich und seelisch krank. Viele Menschen hatten keine Arbeit.

In dieser Zeit entwickelte sich der sogenannte Nationalsozialismus. Jeder Mensch, der nicht den Vorstellungen dieser Bewegung entsprach, an etwas anderes glaubte, anders aussah oder sich anders benahm, war plötzlich in Gefahr, eingesperrt, vertrieben oder getötet zu werden. Viele Menschen hatten keine Rechte mehr.

Adolf Hitler war der „Führer“ der nationalsozialistischen Partei in Deutschland. Er und seine Gefolgsleute wollten allein, ohne Mitsprache anderer Parteien, die Gesetze und Regeln bestimmen. Sie entschieden, welche Menschen, Religionen, Meinungen und Verhaltensweisen im Land erlaubt waren – und welche nicht einmal mehr auf der Welt sein sollten.

Viele Menschen folgten Adolf Hitler und seiner Partei blind, auch in Österreich. 1938 wurde Österreich an Deutschland „angeschlossen“, das bedeutet, Hitler marschierte mit seinen Truppen im Land ein und erklärte es zum Teil seines „Deutschen Reiches“.

Wenig später begann er den Zweiten Weltkrieg, der bis 1945 dauerte. Millionen Menschen wurden weltweit in diesem Krieg getötet.

BUNKER UND STOLLEN

Um sich vor einem Angriff durch feindliche Flugzeuge, die Bomben auf die Stadt warfen, in Sicherheit zu bringen, wurden während des Zweiten Weltkrieges in den Stadtbergen Stollen und Bunker angelegt. Oft wurde man mitten in der Nacht durch den Flieger-alarm geweckt und musste so schnell wie möglich einen solchen Schutzraum aufsuchen.

Eingänge zu diesen Stollen findest du beispielsweise in der Steingasse oder in der Mönchsberggarage. Hoffentlich war der nächste Eingang nicht zu weit weg, denn der Weg dorthin war bereits sehr gefährlich!

Wenn der Angriff vorbei war, konnte man nur hoffen, dass es alle Verwandten und Freunde ebenfalls rechtzeitig geschafft hatten, sich in Sicherheit zu bringen, und dass das eigene Haus noch stand. In den Bunkern suchten vor allem Kinder, Frauen und alte Leute Schutz. Jüngere Männer sah man darin nicht, da diese oft weit weg von Zuhause als Soldaten kämpfen mussten.

Daheim war es im Winter kalt, überall fehlte es an Heizmaterial und anderen lebensnotwendigen Dingen. Im Krieg konnten die Leute nicht einfach einkaufen, worauf sie Lust hatten. Die Lebensmittel waren beschränkt. Oft mussten sie stundenlang für ein bisschen Brot und Milch anstehen, da es von allem, was zum Leben nötig war, zu wenig gab.

WUSSTEST DU,

DASS SICH ALLEIN IM MÖNCHSBERG ZEHN STOLLEN MIT PLATZ FÜR 23 500 MENSCHEN BEFINDEN?

STOLPERSTEINE ZUM NACHDENKEN

Überall in der Stadt sind vor Häusern goldene quadratische Pflastersteine, sogenannte Stolpersteine, in den Boden eingelassen. Sie sollen uns auffordern, stehen zu bleiben und an die Menschen zu denken, die in diesen Häusern gelebt haben und aus ihnen mit Gewalt vertrieben worden sind oder getötet wurden. Viele der Opfer des Nationalsozialismus waren Juden, aber auch Menschen mit Beeinträchtigungen oder Andersdenkende waren darunter.

BRENNENDE BÜCHER

Wie radikal die Nationalsozialisten mit anderen Meinungen umgingen, zeigt die Bücherverbrennung auf dem Residenzplatz.
Hatte jemand etwas geschrieben, das ihnen nicht gefiel, oder passte ihnen die Autorin oder der Autor nicht, verbrannten sie das Buch und verboten, Kopien davon zu lesen. Etwa 1 200 Bücher wurden im April 1938 auf einem Scheiterhaufen verbrannt.

Ein Mahnmal, das ist ein Denkmal, erinnert heute daran, dass es damals nicht die Freiheit gab, seine eigene Meinung sagen zu dürfen.

BOMBEN AUF DEN DOM

Stehst du vor dem Eingang des Domes, siehst du drei Jahreszahlen: 774, 1628, 1959. Das sind die Jahre, in denen er nach dem Bau oder Wiederaufbau eingeweiht wurde. Im Zweiten Weltkrieg wurden viele Bomben über Salzburg abgeworfen. Dabei wurde der Dom teilweise zerstört. Seine Kuppel stürzte ein.

Die über der Stadt abgeworfenen Bomben zerstörten damals unter anderem auch das Kaiviertel, den Hauptbahnhof und Mozarts Wohnhaus am Makartplatz.

METZGER

DIE STAATSBRÜCKE

An der Stelle der heutigen Staatsbrücke standen zuvor bereits neun andere Brücken, die ersten davon waren aus Holz. Die Metzger hatten ihre Verkaufsstände dort und kippten ihre Abfälle einfach in den Fluss. Einige dieser Holzbrücken fielen Hochwassern der Salzach zum Opfer und wurden mitsamt den Verkaufsständen fortgerissen.
Die sechste Brücke hatte einen Konstruktionsfehler und bog sich durch. Die heutige Staatsbrücke wurde im Zweiten Weltkrieg von Kriegsgefangenen errichtet. Wurde ein fremder Soldat im Krieg gefangen genommen, musste er schwere Zwangsarbeit verrichten. „Staatsbrücke" heißt sie, weil sie vom Staat bezahlt wurde.

ENDLICH MITBESTIMMEN

Salzburg wurde nach dem Krieg von den Amerikanern besetzt. 1955 wurde der Staatsvertrag unterzeichnet und Österreich endlich zur Demokratie. Jahrhundertelang waren es die Menschen gewohnt, dass jemand über sie bestimmte. Ein Erzbischof, später ein Kaiser, entschied, alle anderen mussten gehorchen. Nach dem Ersten Weltkrieg durften die Leute endlich wählen und selbst mitbestimmen. Am Anfang funktionierte das nicht sehr gut. Erst nach dem Zweiten Weltkrieg festigte sich die Demokratie. Heute ist sie für uns ganz normal.

TIPP FÜR NEUGIERIGE

Geh über den Marko-Feingold-Steg. Dir werden sofort die Liebesschlösser auffallen! Früher hieß die Brücke „Makartsteg“. Marko Feingold war Jude. Nach seinem Tod im Jahr 2019 wurde der Steg ihm zu Ehren umbenannt. Feingold hat die Verfolgung durch die Nationalsozialisten überlebt und viel davon erzählt.

Halte die Augen nach Stolpersteinen offen! Sie sind überall in der Stadt zu finden.

HIER HABE ICH WELCHE GEFUNDEN:

....

....

....

....

RÄTSEL FÜR ZWISCHENDURCH

Wo ist das Mahnmal, das an die Bücherverbrennung erinnert?

....

Auch an der Staatsbrücke ist eine Gedenktafel angebracht.

AN WEN ERINNERT SIE? ....

Sind auch auf der Staatsbrücke Stolpersteine?

JA ○ NEIN ○

Das „Café Tomaselli" ist das älteste Kaffeehaus in Salzburg. Es war bei den amerikanischen Soldaten sehr beliebt. Im Erdgeschoß befand sich nach dem Krieg auch eine Station des Roten Kreuzes. Um das Café zu finden, musst du zum Alten Markt. Siehst du es? Die Plätze auf der Terrasse sind auch heute noch heiß begehrt! Ganz in der Nähe ist das kleinste Haus der Stadt. Kannst du es finden?

WELCHE HAUSNUMMER HAT ES? ....

10

TYPISCH SALZBURG

WER WAREN DIE STIERWASCHER?

WIE VIELE ZÜGE FAHREN AM SALZBURGER HAUPTBAHNHOF?

WARUM SIND ES DREI SALZBURGER NOCKERL?

ALLERLEI WISSENSWERTES

Die Zeit bleibt nicht stehen. Was gestern war, ist heute schon Vergangenheit und damit auch Geschichte. Wir benutzen Dinge, die die Menschen früher nicht hatten: Computer, Smartphone, Internet. Millionen Touristinnen und Touristen besuchen jährlich die Stadt. Am Flughafen landen täglich Leute aus aller Welt. Es wird viel gebaut, aber nicht mehr im Barockstil. Was hat sich sonst noch getan? Und welche Dinge sind „typisch Salzburg"?

SCHNÜRLREGEN

Durchschnittlich regnet es in Salzburg 15 Tage pro Monat. Anders ausgedrückt: Die Hälfte der Zeit ist es nass. Berüchtigt ist die Stadt für ihren „Schnürlregen". Das ist leichter Nieselregen, der tagelang andauern kann. Als Regenschirmmacher konnte man in Salzburg daher gut verdienen. Um 1900 gab es hier zehn davon. Heute ist noch eine Firma in der Getreidegasse übrig. Wenn du das Geschäft finden möchtest, blicke auch nach oben. Das Zunftzeichen hilft dir bei der Suche.

SALZBURGER NOCKERL

Eier, Zucker, Mehl – mehr braucht man nicht für diese süße Nachspeise. Die Masse kommt in den Ofen und muss danach sofort serviert werden, weil die Nockerl sonst zusammenfallen. Sie werden mit Zucker bestäubt, so sehen sie schneebedeckten Gipfeln ähnlich. Meistens sind es drei Stück: Mönchsberg, Gaisberg und Kapuzinerberg. Salome Alt, die Geliebte Erzbischof Wolf Dietrichs, soll im Winter die verschneiten Berge rund um Salzburg betrachtet und die Nockerl erfunden haben.

DIE SALZBURGER MOZARTKUGEL

Wusstest du, dass mehrere Firmen Mozartkugeln herstellen? Einige davon tut dies schon seit Ende des 19. Jahrhunderts nach einem alten Rezept. Koste dich durch und entscheide selbst, welche Mozartkugeln dir am besten schmecken!

FÜR ALLE FUSSBALLFANS

Unweit des Einkaufszentrums Europark wurde 2003 ein Fußballstadion gebaut, in dem über 30 000 Zuschauerinnen und Zuschauer Platz finden. Das bisherige Stadion in Lehen war zu klein und schwierig zu erreichen. Außerdem brauchte Salzburg ein modernes Stadion für die Europameisterschaft 2008.
Ursprünglich hieß die Arena „EM-Stadion Wals-Siezenheim". Nach der Europameisterschaft wurde sie in „Red Bull Arena" umbenannt, weil die Mannschaft von Red Bull Salzburg am häufigsten über den Rasen läuft.

EIN ZUHAUSE FÜR ÜBER 180 000 MEDIEN

Man kann sich Bücher kaufen, aber man kann sie sich auch in der Bücherei ausleihen. Früher befand sich die Stadtbibliothek im Schloss Mirabell, heute findest du sie im Stadtteil Lehen – dort wo früher das Salzburger Stadion stand. Es gibt hier nicht nur Bücher, sondern auch E-Books, Musikdateien, Noten, Videos und Tageszeitungen aus 100 Ländern in über 50 Sprachen. Vielleicht wunderst du dich darüber, dass man hier auch Saatgut für Obst, Gemüse, Blumen und Kräuter tauschen kann.
Von der Panoramabar hoch oben hast du außerdem einen tollen Ausblick. Spielt unter dir auf der Grünfläche gerade jemand Fußball? Was tut sich rund um dich?

MIT DEM BUS DURCH DIE GETREIDEGASSE?

Wer in der Stadt Salzburg mit den öffentlichen Verkehrsmitteln fährt, ist meistens mit dem O-Bus unterwegs. Wenn du nach oben schaust, wirst du erkennen, woher dieses „O“ kommt. Die Busse werden mit Strom aus der „Oberleitung“ betrieben, deren Netz die gesamte Stadt durchzieht.

Früher fuhren in Salzburg elektrische Straßenbahnen, die aber nach 30 Jahren, 1940, durch O-Busse ersetzt wurden.

Kaum zu glauben, aber damals fuhr der O-Bus sogar durch die schmale Getreidegasse!

AIRPORT, WIESO NICHT FLUGHAFEN?

Mit dem Flugzeug in den Urlaub? Das ist in Salzburg schon seit gut 100 Jahren möglich, genauer gesagt seit 1926. Damals wurde in Maxglan eine ebene Fläche für den Flugverkehr geschaffen. Der Flugplatz überstand die Bombenangriffe im Zweiten Weltkrieg unbeschadet. Die Amerikaner, die Salzburg nach dem Krieg 10 Jahre lang besetzten, tauften ihn „Salzburg Airport". So heißt der Flughafen bis heute, mit dem Zusatz „W.A. Mozart". Später wurde das Areal immer wieder erweitert. Gemessen an der Anzahl der Flugzeuge, die hier aufsteigen und landen, ist der Salzburger Flughafen der zweitwichtigste in Österreich.

DER BAHNHOF: ALT UND NEU VEREINT

Als der Bahnhof vor über hundertsechzig Jahren eröffnet wurde, war viel weniger los als heute. Mit der Zeit verreisten mehr Menschen, deshalb wurde der Bahnhof vergrößert und modernisiert. Bei den Renovierungen wurden die alten Bauten teilweise mit den neuen kombiniert. Wenn du dir die Schrauben und Nieten in den Stahlkonstruktionen auf den Bahnsteigen 2/3 und 4/5 näher anschaust, werden dir unterschiedliche auffallen. Es gibt runde und eckige. Die runden sind noch die originalen von damals!

Der Bahnhof liegt in der Elisabeth-Vorstadt, einem Stadtteil, der nach der österreichischen Kaiserin Elisabeth benannt ist. Mach dich auf die Suche nach ihrer Statue. In der Nähe vom „Hotel Europa" wirst du fündig werden. In diesem Park hat sich Sisi angeblich gern die Zeit vertrieben, wenn sie auf einen Zug warten musste. Früher stand die Statue im Hellbrunner Schlosspark.

Würdest du heute einen ganzen Tag am Salzburger Hauptbahnhof verbringen, könntest du mehr als 700 Züge sehen.

GURKEN UND EINE GOLDENE KUGEL

Im Wilhelm-Furtwängler-Park wachsen Gurken. Nein, keine echten! Es sind Kunstwerke von Erwin Wurm. Auch die Sessel neben der Staatsbrücke sind Teil eines Kunstprojekts. Genauso wie die goldene Kugel auf dem Kapitelplatz. Siehst du den Mann, der auf der Kugel steht? „Sphaera" heißt diese Skulptur. Wie gefallen dir die Kunstwerke und woran denkst du, wenn du sie betrachtest?

IM SPIELZEUGMUSEUM ...

... kannst du selbst viele Spiele und Spielsachen ausprobieren.

... gibt es davor einen Innenhof mit Nischen und Säulengängen. Man nennt sie Arkaden.

... befand sich bis 1898 das Bürgerspital. Dort wurden kranke und alte Menschen gepflegt und versorgt. Das war nur dank der Spenden von Stadtbewohnern, Bürger genannt, möglich. Damals gab es noch keine Krankenversicherung.

... findest du heraus, womit Kinder früher gespielt haben. Wie sahen die Puppen, Teddys, Feuerwehrautos damals aus?

WIE HABEN SPIELZEUGE FRÜHER AUSGESEHEN? WÜRDEST DU DAMIT HEUTE NOCH GERN SPIELEN? DAS UND VIELES MEHR KANNST DU IM SPIELZEUG-MUSEUM HERAUSFINDEN. MALE DIE SPIELZEUGE IM REGAL BUNT AN!

IM MUSEUM DER MODERNE KANNST DU IN WECHSELNDEN AUSSTELLUNGEN VIELE WERKE ZEITGENÖSSISCHER KÜNSTLERINNEN UND KÜNSTLER BETRACHTEN. WENN DU UNTEN IN DER STADT BIST, SIEH DIR DIE FASSADE DES GEBÄUDES GENAU AN. WAS KANNST DU DARAUF ERKENNEN? VERVOLLSTÄNDIGE DAS HAUS UND SEINE UMGEBUNG UND MALE ES AN!

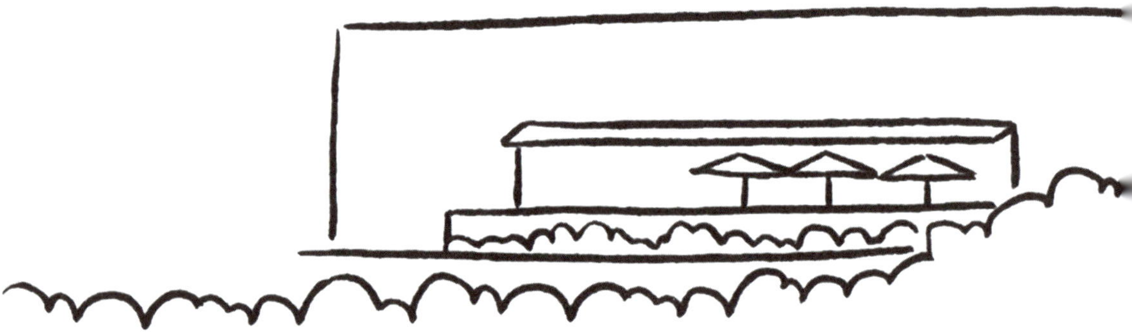

DIE SALZBURGER FESTSPIELE

Jeden Sommer kommen zahlreiche Gäste nach Salzburg, um Opernaufführungen, Konzerte und Theater zu besuchen. Zum ersten Mal fanden die Salzburger Festspiele 1920, vor etwas mehr als 100 Jahren statt. Weltbekannt ist der „Jedermann". Er wird jedes Jahr aufgeführt – bei Schönwetter vor dem Dom. Das war damals aber gar nicht geplant. Das ursprünglich vorgesehene Theaterstück wurde zur Erstaufführung nicht rechtzeitig fertig und für die Bühne in der Felsenreitschule fehlte nach dem Krieg das Holz. Aus der Notlösung wurde einer der bekanntesten Theaterschauplätze der Welt!

SOUND OF MUSIC

Vielleicht sind dir schon einmal die Touristenbusse mit der Aufschrift „Sound of Music" aufgefallen? Der gleichnamige Musikfilm und die Lieder sind außerhalb Österreichs sehr berühmt. Der Film erzählt die Geschichte der singenden Großfamilie Trapp, die Salzburg kurz vor dem Zweiten Weltkrieg verließ. Die Trapps wanderten nach Amerika aus und wurden dort sehr bekannt. Ursprünglich waren für den Filmdreh in Salzburg sechs Wochen angedacht, aber weil es so häufig regnete, wurden elf Wochen daraus. Viele Menschen besuchen Salzburg genau deshalb: Sie möchten die Plätze sehen, die sie aus dem Film kennen.

DIE SCHRANNE

Jeden Donnerstag ab fünf Uhr morgens werden rund um die Andräkirche Lebensmittel, Blumen, Kleidung, aber auch Körbe und andere Dinge verkauft. Dieser Wochenmarkt heißt Schranne und es gibt ihn seit 1906, also seit fast 120 Jahren. Viele Händler sind Familienbetriebe aus der Umgebung. Sie bieten schon seit Jahrzehnten ihre Waren auf dem Markt an.
Wieso er „Schranne“ heißt, weiß niemand genau. Eine Schranne war eine Lagerhalle. In der Schrannengasse und in der Nähe des Schlosses Mirabell gab es Getreidespeicher. Wahrscheinlich hat die Schranne ihren Namen daher.

DER ALMKANAL

Seit dem 12. Jahrhundert leitet der Almkanal Wasser durch den Mönchsberg in die Altstadt. Der Stollen wurde in mühsamer siebenjähriger Arbeit in den Felsen geschlagen, damit die Klöster in der Stadt ihre Güter mit Wasser versorgen konnten. Das weit verzweigte Stollen- und Kanalsystem ist bis heute in Betrieb. Das Wasser kommt von der Königsseeache, die auch „Alm“ genannt wird.

Für Surfbegeisterte gibt es eine „stehende Welle“. Einige baden im Almkanal, obwohl man das nicht sollte. Das Wasser ist sehr kalt und die Strömung nicht zu unterschätzen.

ZEICHNE DIE VERKAUFSSTÄNDE UND DIE BESUCHERINNEN UND BESUCHER DER SCHRANNE RUND UM DIE ANDRÄKIRCHE.

DAS NEUTOR

Eines der ehemaligen Stadttore ist das Neutor, das durch den Mönchsberg führt und den Stadtteil Riedenburg mit der Altstadt verbindet.
Um 1900 fuhr man mit Kutschen und Pferdefuhrwerken hindurch, doch war darin das Peitschenknallen verboten. Das hörte sich an dieser Stelle nämlich wie ein lauter Schuss an und erschreckte die Pferde, was zu Unfällen führen konnte.

Das Tor entstand unter der Regentschaft von Erzbischof Sigismund von Schrattenbach, der auf einer Seite des Tores dargestellt ist. Die andere zeigt den heiligen Sigismund. Darum heißt das Neutor auch Sigmundstor.

WER SIND DIE STIERWASCHER?

Wahr ist diese Geschichte mit ziemlicher Sicherheit nicht. Trotzdem solltest du sie kennen. Die Bewohnerinnen und Bewohner von Salzburg werden manchmal „Stierwascher" genannt. Wie kam es dazu? Die Legende geht so: Zur Zeit der Bauernkriege belagerten die Bauern die Stadt. Das heißt, sie versperrten alle Eingänge und ließen niemanden aus der Stadt hinaus oder in die Stadt hinein. Sie sorgten dafür, dass keine Lebensmittel Salzburg erreichten. Die Menschen in der Stadt hungerten. Eines Tages war nur noch

ein einziger braun gefleckter Stier übrig. Das durften die Bauern aber nicht erfahren! Deshalb griffen die Salzburgerinnen und Salzburger zu einer List. Sie ließen den Stier auf der Festungsmauer hin und her wandern. Das sahen die Bauern ringsum natürlich.
Am nächsten Tag spazierte ein weißer Stier über die Mauer, am folgenden ein schwarzer. Es war immer derselbe Stier – man hatte ihn nur bemalt!
Die Täuschung zeigte Wirkung. Die Bauern zogen ab. Sie dachten, dass es in der Stadt noch genügend Fleisch zu essen gäbe und die Belagerung sich noch ewig in die Länge ziehen würde. Danach wuschen die „Stierwascher" den Stier so lange in der Salzach, bis er wieder braun gefleckt war.

DER SALZBURGER STIER

Auf der Festung gibt es einen sogenannten Salzburger Stier, der aber mit der Legende von den Stierwaschern nichts zu tun hat. Der Salzburger Stier ist ein Musikinstrument, das auch heute noch um kurz nach sieben, um elf und um 18 Uhr gespielt wird und wie das Brüllen eines Stiers klingt. Wenn du Glück hast, kannst du den Stier auf dem Domplatz oder dem Residenzplatz hören.

Früher wurden die Leute in Salzburg mit dem Gebrüll geweckt und ans Schlafengehen erinnert. Leider ist es heute in der Stadt oft zu laut, um seinen Klang zu hören.

IM MARIONETTENTHEATER

Hier stehen keine Menschen auf der Bühne, sondern Puppen – und das schon seit über 110 Jahren! Menschen ziehen über den Puppen die Fäden, damit sich die Marionetten bewegen. Im Theaterfundus gibt es 600 hölzerne Puppen, von denen immer wieder andere bei den Vorstellungen auf der Bühne zu sehen sind. Bedient werden sie von ungefähr zehn Puppenspielerinnen und Puppenspielern.

Wenn du im Marionettentheater selbst die Fäden ziehen möchtest, musst du diese Kunst sehr lange lernen. Erst nach sechs bis acht Jahren bist du fit für die Bühne.

WENN DU SELBST EINE MARIONETTE BAUEN KÖNNTEST, WIE WÜRDEST DU SIE GESTALTEN? MALE SIE AN, WIE ES DIR GEFÄLLT!

RÄTSEL FÜR ZWISCHENDURCH

Schau dir doch mal das O-Bus-Netz genauer an.

WELCHER BUS FÄHRT ZUM FLUGHAFEN? ....

WELCHE FARBE HAT DIE BUSLINIE 6? ....

Betrachte am Hauptbahnhof auf Bahnstieg 1 die Gusseisensteher, die das Dach halten. Wo und wann wurden sie hergestellt?

....

(Hinweis: Die Lösung findest du auf einer der Stützen.)

Findest du die Gurkerl im Furtwänglerpark?

WIE VIELE SIND ES? ....

Welche modernen Kunstwerke entdeckst du in der Stadt?

KUNSTWERK .... WO? ....

KUNSTWERK .... WO? ....

KUNSTWERK .... WO? ....

TIPPS FÜR NEUGIERIGE

An bekannten Sehenswürdigkeiten der Stadt und an spektakulären Kunstwerken vorbei führt der Walk of Modern Art. Brich auf zu einem Kunst-Spaziergang durch Salzburg!

* * *

Wenn du dich für Kunst interessierst, bist du auch im Museum der Moderne richtig. Dank wechselnder Ausstellungen lohnt sich immer wieder ein Besuch.

* * *

Auf dem Mönchsberg gibt es einen großen Spielplatz mit Kletterwand. Ein Besuch dort lässt sich wunderbar mit einem Spaziergang und tollen Aussichten von der Richterhöhe verbinden. Die Wanderung kannst du bei der Müllner Kirche starten oder du beginnst mit dem Aufstieg über die Clemens-Holzmeister-Stiege neben dem Festspielhaus. Clemens Holzmeister war der Mann, der die Salzburger Festspielhäuser geplant hat.

* * *

Stell dich zur richtigen Zeit auf den Kapitelplatz mit gutem Blick auf die Festung. Hörst du den Salzburger Stier? Hoffentlich, denn das ist Glückssache und hängt davon ab, wie laut es gerade um dich herum ist. Wo versteckt sich das Instrument? Siehst du den hölzernen Vorbau auf der Festung? Genau dort drin!

* * *

Du findest Flugzeuge, schnelle Autos und Motorräder spannend? Dann besuche doch einmal den Hangar-7.

* * *

Mach dich in der Stadt auf die Suche nach Wasser aus dem Almkanal. Schau dazu bei der Mühle von St. Peter und am Universitätsplatz genauer hin.
Für eine Wanderung entlang des Kanals startest du am Brunnhaus in der Brunnhausgasse in Nonntal und gehst in eineinhalb Stunden bis zum Gasthaus Pflegerbrücke. Oder du fährst die Strecke ganz einfach mit dem Fahrrad. Im September, wenn der Kanal geputzt wird, kann man bei einer Führung sogar durch den Mönchsberg wandern.

11

WIR WERDEN OFT VERGESSEN

WAS HABEN WIR CHRISTIAN DOPPLER ZU VERDANKEN?

WIE HIESS PARACELSUS WIRKLICH?

WER WAR ALEX WEDDING?

SALZBURGER BERÜHMTHEITEN

Mozart, Mozart, Mozart … ihn und seine Familie triffst du in Salzburg überall. Aber es gab noch andere Leute in oder aus Salzburg, die viel geleistet haben oder weltberühmt wurden. Wer sind sie und wo kannst du ihnen in Salzburg heute noch begegnen?

PARACELSUS (1493/94–1541)

In welchem Jahr Paracelsus in der Schweiz geboren wurde, weiß man nicht genau. Eigentlich hieß er Theophrastus Bombastus von Hohenheim. Sein Künstlername Paracelsus könnte eine griechisch-lateinische Übersetzung von „Hohenheim“ sein.
Er ist einer der bekanntesten Ärzte Europas der damaligen Zeit. Zu seinem Ruhm hat beigetragen, dass er seine Bücher auf Deutsch und nicht wie damals üblich auf Latein veröffentlichte. Heute wird sein Name oft mit Naturheilkunde in Verbindung gebracht.

Er war viel unterwegs, kam nach Ungarn, Dänemark und Frankreich. Schließlich verschlug es ihn für einige Jahre nach Salzburg, genau zur Zeit der Bauernkriege. Da gab es für einen Arzt reichlich zu tun. Heute sind ein Hallenbad und eine Universität nach ihm benannt. Begraben ist Paracelsus am Sebastiansfriedhof.

CHRISTIAN DOPPLER (1803–1853)

Wie findest du Mathematik? Christian Doppler fand es so spannend, dass er das Fach studierte. Er wurde zu einem bedeutenden Wissenschaftler, sogar ein Fleck auf der Rückseite des Mondes ist nach ihm benannt. Auf seinen Beobachtungen gründet die spätere Erfindung von Radargeräten, ohne die zum Beispiel der Flugverkehr nicht möglich wäre. Auch Wettervorhersagen beruhen auf dem, was Christian Doppler herausgefunden hat.
Sein Geburtshaus steht am Makartplatz 1. In Salzburg tragen ein Forschungspreis, eine Klinik, eine Straße, ein Platz und ein Gymnasium seinen Namen.

HANS MAKART (1840–1884)

Der Makartplatz hatte zuvor schon viele Namen. Vor mehr als 140 Jahren wurde er aber nach Hans Makart, einem bekannten Maler der damaligen Zeit, benannt. Er wurde zwar in Salzburg geboren, zu großer Berühmtheit gelangte er aber erst in Wien – ganz ähnlich wie Salzburgs berühmtester Komponist. Makart feierte in seinem Atelier oft große Kostümpartys mit vielen Gästen. Er war als Künstler so beliebt, dass er sogar ein Schlafzimmer von Kaiserin Elisabeth ausstatten durfte.

! Obwohl er sehr erfolgreich war, soll Hans Makart bis an sein Lebensende recht schüchtern gewesen sein.

IRMA VON TROLL-BOROSTYÁNI (1847–1912)

Lange Zeit hatten Frauen weniger Rechte als Männer. Irma von Troll-Borostyáni kämpfte für die Gleichberechtigung und setzte sich dafür ein, dass auch Frauen wählen dürfen. Als es 1919 so weit war, erlebte sie das leider nicht mehr.

Zur damaligen Zeit durften Frauen vieles nicht selbst entscheiden, sondern mussten ihren Ehemann oder ihren Vater um Erlaubnis fragen. Sie sollten zu Hause bleiben und sich um die Kinder kümmern, doch viele wollten auch schon damals studieren oder einen

Beruf ergreifen. Die meisten Forderungen, die damals von Menschen wie Irma von Troll-Borostyáni gestellt wurden, haben sich im Lauf der vergangenen 100 Jahre erfüllt.
Irma von Troll-Borostyáni hatte kurze Haare und trug Hemden und Hosen. Das war damals ungewöhnlich und auffallend. Die normale Kleidung der Frauen (lange Röcke, Kleider, Korsett) erschwerte viele Tätigkeiten sehr. So angezogen war es auch in der Freizeit schwierig, zu tun, worauf man Lust hatte, etwa auf Berge zu steigen, Rad zu fahren oder schwimmen zu gehen.

Irma von Troll-Borostyáni wuchs in der Griesgasse 4 auf.
In Maxglan wurde eine Straße nach ihr benannt.

ROSA KERSCHBAUMER-PUTJATA (1851–1923)

Zehn Jahre bevor Frauen in Österreich Medizin studieren durften, erhielt Rosa Kerschbaumer-Putjata 1890 eine Sondergenehmigung von Kaiser Franz Joseph I. Sie durfte in Salzburg als Augenärztin arbeiten, half vielen armen Leuten und verlangte dafür kein Geld. Die Augenklinik befand sich in der Schwarzstraße (heute Schoellerbank), wo Rosa Kerschbaumer-Putjata mit ihrem Ehemann lebte.
In Itzling trägt eine Straße ihren Namen.

STEFAN ZWEIG (1881–1942)

Dieser weltberühmte Autor wurde in Wien geboren und starb in Brasilien. Zwischendurch lebte er ab 1919 über 15 Jahre lang in Salzburg. Er war Verfasser bekannter Werke, die „Schachnovelle" und „Die Welt von Gestern" werden auch heute noch von vielen Menschen gelesen. Außerdem setzte er sich lautstark für den Frieden ein.

! Sein Haus auf dem Kapuzinerberg verfügte über ein Telefon. Das war damals eine Seltenheit.

Als die Nationalsozialisten an die Macht kamen, musste er aus Salzburg fliehen. Ein Stolperstein (Kapuzinerberg 5) erinnert daran. Der Weg dorthin heißt Stefan-Zweig-Weg.

GRETE WEISKOPF (1905–1966)

Grete Weiskopf wurde in Salzburg geboren und war später Kinder- und Jugendbuchautorin. Bevor sie mit dem Schreiben Geld verdienen konnte, machte sie eine Lehre in einer Bank. Danach kam sie viel herum. Sie lebte mit ihrem Mann in New York, Washington, Stockholm, Berlin und in China.
Viele Schriftsteller bringen ihre Bücher unter einem erfundenen Namen, einem sogenannten Pseudonym, heraus. Grete Weiskopf

schrieb unter dem Namen Alex Wedding, nach dem heute ein Literaturpreis benannt ist. Eine Gedenktafel an ihrem Geburtshaus (Makartplatz 7) erinnert an sie. Ihr berühmtestes Jugendbuch „Ede und Unku" wurde in viele Sprachen übersetzt und beschreibt die Geschichte zweier Kinder im Krieg.

HANS HOLZTRATTNER (1939–2013)

Ihm gehörte die „Bäckerei Holztrattner" in Gnigl, berühmt wurde er aber nicht für Brot und Kuchen, sondern für sein besonderes Haustier. Er hatte eine Löwin namens „Sugar". Sie folgte ihm überallhin und schlief sogar bei ihm im Bett. Sie saß im Auto neben ihm, wenn er Gebäck auslieferte. Als sich die Leute darüber beschwerten, musste er die Löwin an den Zoo abgeben.

WER BIN ICH?

Ich war/wurde ...

... 1887 in Salzburg im Haus Waagplatz 1A geboren. Ich hatte sechs Geschwister.

... nur 27 Jahre alt.

... ein schlechter Schüler. Mathematik, Griechisch und Latein lagen mir überhaupt nicht. Ich musste sogar einmal eine Klasse wiederholen.

... Apotheker, später Dichter und schrieb wunderschöne Gedichte.

... als Apotheker in den Ersten Weltkrieg geschickt. Es gab zu wenig Medikamente für zu viele Verletzte. Vielen konnte ich nicht helfen. Die Erlebnisse dort haben mich sehr traurig gemacht.

Georg Trakl

RÄTSEL FÜR ZWISCHENDURCH

Wandle auf den Spuren der Personen, die du in diesem Kapitel kennengelernt hast.

WO BEHANDELTE ROSA KERSCHBAUMER-PUTJATA IHRE PATIENTINNEN UND PATIENTEN?

....

ENTDECKST DU STEFAN ZWEIGS STOLPERSTEIN? WO BEFINDET ER SICH?

....

FINDEST DU DAS GEBURTSHAUS VON CHRISTIAN DOPPLER? WO STEHT ES?

....

WO IST PARACELSUS BEGRABEN? ....

Thomas Bernhard war ein weiterer berühmter Schriftsteller der Stadt. Er wurde zwar nicht hier geboren, wuchs aber in Salzburg auf.

AN WELCHEM GEBÄUDE HÄNGT SEINE GEDENKTAFEL?

....

(Hinweis: Das Haus steht am Makartplatz.)

ZEITSTRAHL

2,5 MIO–2200 V. CHR.

STEINZEIT

Menschen ernähren sich durch Jagen und Sammeln und wohnen zuerst in Höhlen

2200–800 V. CHR.

BRONZEZEIT

Werkzeuge und Waffen aus Bronze

600 V. CHR.

KELTEN

Salzabbau am Dürrnberg beginnt

50

STADTRECHT

Salzburg heißt noch Iuvavum

500–1500

MITTELALTER

Bischof Rupert kommt um 700 nach Salzburg

Bau der Festung 11. Jahrhundert

Erstes gedrucktes Buch 1454

Kolumbus in Amerika 1492

AB 1550

BAROCK

Die Salzburger Erzbischöfe lassen viele barocke Bauwerke errichten

1756

MOZART

Mozart wird geboren

1816

ÖSTERREICH

Ende der Salzburger Erzbischöfe als Landesherren

Salzburg wird Teil von Österreich

1818

STADTBRAND

Viele Häuser in der rechten Altstadt werden zerstört

1895

ERSTES AUTO AUF SALZBURGS STRASSEN

1914–1918, 1939–1945

ERSTER UND ZWEITER WELTKRIEG

1918–1939

ZWISCHEN-KRIEGSZEIT

Erste Salzburger Festspiele 1920

Bau Salzburg Airport 1926

1959

WIEDERAUFBAU DOM

1959 wird der Wiederaufbau des Doms abgeschlossen

1969

MONDLANDUNG

Der Amerikaner Neil Armstrong tut den ersten Schritt auf dem Mond

1989

ENDE DER SALZGEWINNUNG AM DÜRRNBERG

AB 2000

BIS HEUTE

Eröffnung Stadtbibliothek Lehen 2009

Neues Fußballstadion Klessheim 2003